介護　福祉　医療
高齢者から子どもまで

ケアワーク・スキルアップ④
視覚障がい者の方の 介助と レクリエーション

早稲田大学　教授・医学博士
前橋　明／著

ひかりのくに

はじめに

　私たちが、いつの世も、絶えず求めているものは、「心身ともに健康な生活」です。
　健康というものは、私たちの幸福の源であり、すばらしい一生を送るための基本的な条件でもあります。
　視覚に障害を抱える方たちが、心身の健康を保ち、いきいきとした暮らしを実現させていくためには、個人的な努力だけでなく、すこやかな生活づくりを援助する側の理解と配慮、具体的な支援が必要です。
　とくに、生活場面における手引きの方法や、生活の質を高めるレクリエーションについて、援助する側は知っておくべきです。
　本書が、視覚障がい者の方のことについて知り、より豊かな暮らしづくりを支援するための手引き書として大いに役立つことができればと願っています。

早稲田大学　教授・医学博士　　前橋　明

レクリエーションについて

　レクリエーションは、集団ゲーム的活動のみをさすのではなく、心身のためになる、あらゆることをさすもの、いわば、「QOLの向上」につながることと言えるのではないでしょうか。
　効果も多様です。そのときを楽しく過ごすことは言うまでもありません。ほかの人とふれあうことによる喜び・感動、レクリエーション体験の結果生じる充実感・満足感・達成感といった情緒の改善、そして、動きを含むものでは、それにプラスして、身体を動かすことによる爽快感、各種運動スキルの向上、心肺機能・循環機能の向上、体力全般の向上、身体認識力や空間認知能力を高めるほか、大脳機能の活性化もあげられるでしょう。
　本書に掲載したレクリエーションについても、まさに上に示したような効果が期待できるものとして紹介しています。ただし、各レクリエーションのページには、運動機能面を中心に、「この運動のねらい」を掲載しました。運動機能面での効果について、次のページの解説も参照しながら理解を深め、参加者の方にも説明していただければ、レクリエーションへの取り組みの意欲も高まると思います。

視覚障がい者の方とのレクリエーションの意義と、運動に関する解説

■視覚障がい者の方とのレクリエーションの意義

精神面 　思いきり楽しめる環境を整えて、安心して活動することにより、情緒の解放・リラックスにつながります。

身体面 　視覚障害があることで、身体を動かす機会も少なくなりがちです。少しでも体を動かし、いい汗をかく経験をすることで、動くことの心地よさを味わえます。心理的にもよい影響があります。

■レクリエーションの運動についての解説

本書の一つひとつのゲームにある「この運動のねらい（使っている動きのスキル）」の理解を深め、より意義深い運動を！！

さまざまな運動を、移動系の動き（歩く・走る・跳ぶ・スキップする・登る等）、操作系の動き（投げる・蹴る・打つ・取る・止める等）、平衡系の動き（バランスをとる・ひねる・転がる等）の3つの運動スキルに分けることができます。また、「移動系の動き」に対して、その場で、押したり、引いたりする「非移動系の動き」（その場での運動スキル）というスキルの区分を用いる場合があります。これらのスキルをバランスよく取り入れ、「楽しいレクリエーション」として紹介しています。運動を楽しいものとして、どんどん取り入れていってください。下記の解説や用語の理解を深め、意味のある運動として積極的に参加していただけるようにしましょう。

移動系の動き
走る、スキップする、ギャロップする、跳ぶ、跳び上がって下りる、よじ登る、跳び越える、またぎ跳ぶ、くぐる、すべる、泳ぐ

操作系の動き
投げる、蹴る、打つ、つく（まりつき）、たたく、つかまえる、受ける、運ぶ、担ぐ、下ろす、漕ぐ

平衡系の動き
片足で立つ、バランス立ちをする、乗る、渡る、逆立ちをする、浮く

用語の解説

◇本書の言葉の理解にお役立てください。
◇自分自身の運動に対する理解を深め、その運動は参加者の体のどういう面の向上に寄与するのかを考えてみましょう。
◇何かの折りに、運動についての説明をしていくとよいでしょう。

- **筋力** 　筋が収縮することによって生じる力のことを言います。
- **瞬発力** 　瞬間的に大きな力を出して運動を行なう能力。パワーという言葉で用いられます。
- **持久力** 　長時間継続して持ちこたえられる力。筋持久力と、全身的な運動を長時間継続して行なう呼吸・循環機能の持久力に分けられます。
- **調整力** 　異なった動きを1つにまとめて、目的に合った動きを円滑に、効率よく行なう能力。
- **協応性** 　身体の2つ以上の部位の動きを1つのまとまった運動に融合したり、からだの内・外からの刺激に対応して運動する能力。
- **平衡性** 　身体の姿勢を保つ能力。跳んだり、渡ったりする運動の中で、姿勢の安定性を意味する動的平衡性と、静止した状態での安定性を意味する静的平衡性があります。バランスという言葉で用いられます。
- **敏捷性** 　身体をすばやく動かして方向を転換したり、刺激に対してすばやく反応する能力。
- **巧緻性** 　身体を目的に合わせて正確に、すばやく、滑らかに動かす能力。器用さや巧みさのこと。
- **スピード** 　物体の進行する速さを言います。
- **柔軟性** 　身体のやわらかさのことで、身体をいろいろな方向に曲げたり、伸ばしたりする能力。
- **リズム** 　音、拍子、動き、または無理のない美しい連続的運動を含む調子のこと。

- **身体認識力** 　身体部分（手、足、膝、指など）とその動き（筋肉運動的な働き）を理解・認識する力。自分の身体が、どのように動き、どのような姿勢になっているかを見極める力。
- **空間認知能力** 　自分の身体と自己を取り巻く空間について知り、身体と方向・位置関係（上下・左右・高低など）を理解する能力。
- **移動系運動スキル** 　歩く、走る、跳ぶ、這う、スキップする等、ある場所から他の場所へ動く技術。
- **非移動系運動スキル** 　「移動系の動き」に対して、その場で展開される運動スキル。その場で、ぶら下がったり、押したり引いたりする等。
- **操作系運動スキル** 　投げる、蹴る、打つ、取る等、物に働きかけたり、操る動きの技術。
- **平衡系運動スキル** 　バランスをとる、片足で立つ、乗る、渡る、浮く等、姿勢を保つ動きの技術。

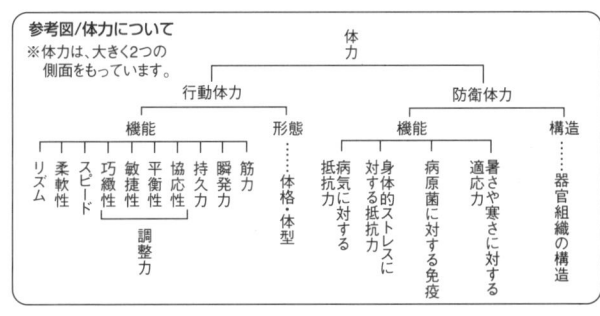
参考図/体力について
※体力は、大きく2つの側面をもっています。

誰もが心得ておきたい視覚障がい者の方への配慮

視覚障害を持つ方の70％以上が高齢者

加齢とともに視力が落ちてくる高齢者の方が、たくさんいらっしゃいます。視力が低下しても、普段通り一人で出歩くことのできる方もいらっしゃるので、まわりの人が気のつかないことも多く、さらに視力低下が進んで見えない状態になると、家族も本人もどうしてよいのかわからない状況になります。なんといっても、本人の心のショックが最も大きいものとなります。

たとえば、介護施設のデイサービスに参加しても、動くに動けずじっと座っているだけという状態になってしまいます。まわりの人も参加したくないのかと判断してしまいます。その他、参加したいけれど、下記のようなことが、行動を消極的にさせてしまいます。
　①うたを歌うのにも、歌詞が見えない。
　②手あそびの動作がつかめない。
　③ジャンケンが見えず、できない。
　④どこに何があるのかわからないので、お風呂に入れない。
　⑤トイレの様子がわからないので、使えず、汚してしまう。
　⑥同系色のものの区別がつきにくい。
　　たとえば、白い茶碗に白米だと、見えにくく、食べづらい。
　⑦白いまな板で白い野菜や豆腐などは切りにくい。　など…

なるほど…

以上の状況を回避するには、ヘルパーやスタッフが視覚障害についての知識を持ち、配慮しなければなりません。また、視覚障がい者施設や福祉施設のみならず、一般の社会においても必要な対応だといえます。ヘルパーやスタッフ以外の人も含め、周囲の人が見えないことを理解することが必要です。

視野・視界について

　一口に「視覚障害」と言っても、障害の程度や、視覚障害になった時期、原因、健康状態など、人によって様々です。
　現在、身体障害者福祉法で、視覚障害は1級から6級までの等級が定められています。
　しかし、その等級の中でも様々な場合があり、たとえば最も重い1級でも、全く光を感じない【全盲】の方もいますが、光や明暗がわかったり、目の前の手の動きがわかる、目の前の指の本数が数えられる、視力表の50cm前で一番上の指標がわかる（視力0.01）人まで含まれています。
　また、右の図は視野の障害を表したもので、視覚障害をもたらした原因疾患によって、様々な見え方になります。

正　常

中心暗点

周辺視野狭窄

視野欠損

様々な病気によって見えない、見えにくい等の状態が違ってきます。

網膜色素変性症　夜間や暗い場所で物が見えにくくなる。特定難病疾患に指定されている。

黄班部変性症　中心が見えなくなる場合は、見ようとする所に暗点があり、文字の読み書きが困難になる。とくに高齢者に多い。

糖尿病　成人の失明の原因1位となっている糖尿病。網膜出血をくり返しながら徐々に視力が低下していく。様々な合併症も引き起こす。

白内障　視野の変化は少ないが、水晶体が濁るので、全体にぼんやりとし、曇りガラス越しに見る感じになる。パステルカラーや中間色の色別ができない。老人性白内障も多い。

脳腫瘍や頭部外傷　網膜など眼の機能には損傷がなく、ある程度は見えているが、それが何かわからないという、認知障害を持つ場合もある。

本書の特長

すべての人に知っていただきたい視覚障がい者の方の介助の仕方とレクリエーションをイラストを中心にわかりやすく解説・紹介する本です！

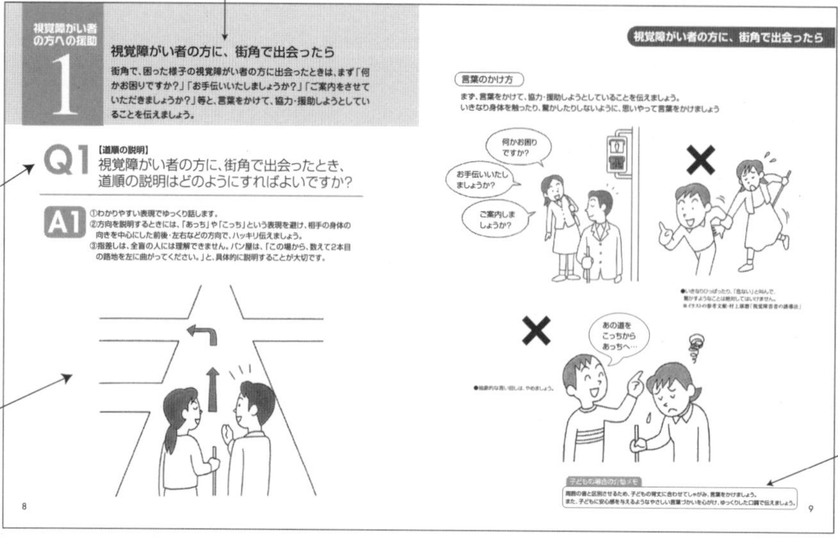

■視覚障がい者の方への介助

介助の方法を、いろいろな場面や状況ごとに、Q&A方式でイラスト解説しました！

- 視覚障がい者の方の介助に関するいろんなシチュエーションをQ&A方式でまとめています。
- 各シチュエーションをイラスト化してイメージしやすくしました。
- 援助について5つのブロックに分けています。ブロックごとのエキスを解説しています。
- 視覚障がい者の方が子どもの場合、注意や配慮すべきことがわかります。

■視覚障がい者の方とできるレクリエーション

高齢者から子どもまで、楽しんでいただきながら、各種運動スキルの向上にも役立つレクリエーションです！

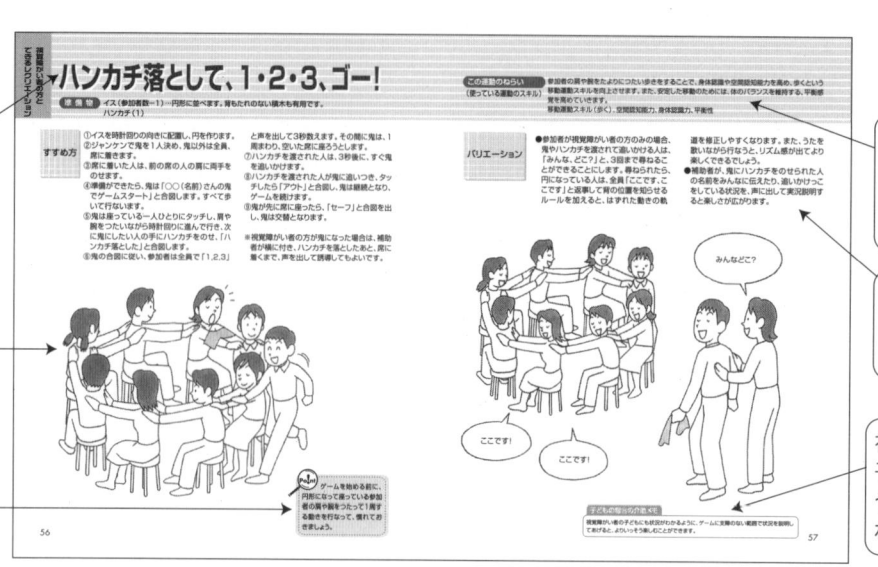

- ユニークなタイトルやわかりやすい内容で、参加していただきやすくしています。
- レクリエーションの内容をイラスト化しています。見て理解していただけるようにしました。
- 行なう上での注意や配慮事項などを「ポイント」として解説。
- 運動面を中心にこのレクリエーションのねらいをまとめています。
- 少し変化させたり、工夫したりしたすすめ方を紹介しています。
- 視覚障がい者の方が子どもの場合、注意や留意すべきことがわかります。

ケアワーク・スキルアップ ④

高齢者から子どもまで　視覚障がい者の方の介助とレクリエーション

CONTENTS

- はじめに ……………………………… 2
- レクリエーションについて ……………………………… 2
- 視覚障がい者の方とのレクリエーションの意義と、運動に関する解説 ……………………………… 3
- 誰もが心得ておきたい視覚障がい者の方への配慮
  - 視覚障害を持つ方の70％以上が高齢者 …… 4
  - 視野・視界について ……………………………… 5
  - 様々な病気によって見えない、見えにくい等の状態が違ってきます。 ……………………………… 5
- 本書の特長 ……………………………… 6

視覚障がい者の方への援助

1 視覚障がい者の方に、街角で出会ったら
- Q1　道順の説明 ……………………………… 8
- Q2　誘導 ……………………………… 10
- Q3　言葉がけ ……………………………… 12

2 安全に誘導するための手引き（介助歩行）
- Q4　安全な手引き ……………………………… 14
- Q5　狭いところでの手引き ……………………………… 16
- Q6　段差や階段での手引き ……………………………… 18
- Q7　車の乗り方 ……………………………… 20
- Q8　バス利用の手引き ……………………………… 22
- Q9　電車利用の手引き ……………………………… 24
- Q10　ドアの通り抜けの手引き ……………………………… 26
- Q11　エレベーター利用の手引き ……………………………… 28
- Q12　エスカレーター利用の手引き ……………………………… 30
- Q13　トイレ利用の手引き ……………………………… 32

3 買い物の援助
- Q14　商品選択の援助 ……………………………… 34
- Q15　お金の受け渡し援助 ……………………………… 36
- Q16　店内移動の手引き ……………………………… 38
- Q17　一時的に離れるときの対処 ……………………………… 40

4 喫茶店やレストラン利用の援助
- Q18　イスを勧めるときの手引き ……………………………… 42
- Q19　メニューや値段の説明 ……………………………… 44
- Q20　物の位置説明 ……………………………… 46

5 ヘルパーとしての心得
- Q21　ヘルパーの服装 ……………………………… 48
- Q22　白杖の役割 ……………………………… 50
- Q23　雨の日の手引き ……………………………… 52
- Q24　ヘルパーの配慮とマナー ……………………………… 54

視覚障がい者の方とできるレクリエーション

- ハンカチ落として、1・2・3、ゴー！ ……………………………… 56
- 動く的に、玉入れ！ ……………………………… 58
- 私はだ〜れだ ……………………………… 60
- アイマスク、お手玉投げ ……………………………… 62
- 牛タン、牛タンタン　牛タンタンタン ……………………………… 64
- ラウンドゴルフ ……………………………… 66
- みんなで音づくり ……………………………… 68
- ボールまわし ……………………………… 70
- フロアー卓球 ……………………………… 72
- ひっぱりジャンケン ……………………………… 74
- 風船みこし ……………………………… 76
- 風船はこび競争 ……………………………… 78
- あとがき、著者・協力者紹介 ……………………………… 80

<STAFF　本文レイアウト/プランニングオフィス エニー　本文イラスト/法山 仁　企画・編集/安藤憲志・赤下部恭子・長田亜里沙>

視覚障がい者の方への援助 1

視覚障がい者の方に、街角で出会ったら

街角で、困った様子の視覚障がい者の方に出会ったときは、まず「何かお困りですか？」「お手伝いいたしましょうか？」「ご案内をさせていただきましょうか？」等と、言葉をかけて、協力・援助しようとしていることを伝えましょう。

Q1 【道順の説明】
視覚障がい者の方に、街角で出会ったとき、道順の説明はどのようにすればよいですか？

①わかりやすい表現でゆっくり話します。
②方向を説明するときには、「あっち」や「こっち」という表現を避け、相手の身体の向きを中心にした前後・左右などの方向で、ハッキリ伝えましょう。
③指差しは、全盲の人には理解できません。パン屋は、「この場から、数えて2本目の路地を左に曲がってください。」と、具体的に説明することが大切です。

視覚障がい者の方に、街角で出会ったら

言葉のかけ方

まず、言葉をかけて、協力・援助しようとしていることを伝えましょう。
いきなり身体を触ったり、驚かしたりしないように、思いやって言葉をかけましょう

● いきなりひっぱったり、「危ない」と叫んで、驚かすようなことは絶対してはいけません。
※イラストの参考文献・村上琢磨「視覚障害者の誘導法」

● 抽象的な言い回しは、やめましょう。

子どもの場合の介助メモ

周囲の音と区別させるため、子どもの背丈に合わせてしゃがみ、言葉をかけましょう。
また、子どもに安心感を与えるようなやさしい言葉づかいを心がけ、ゆっくりした口調で伝えましょう。

1

Q2 【誘導】
誘導は、どのように行なったらよいでしょうか。

A2
①相手の意志をよく確認してから、誘導します。
②どこまで誘導すればよいかを、しっかり聞きます。
③お互いに無理をせず、わかりやすい場所までにします。

○○駅まで
お願いします。

○○駅の東口の
切符販売機前までで
よろしいですね。

視覚障がい者の方に、街角で出会ったら

④誘導中、安全に気を配りながら、周囲の情景や情報を伝えていくことで、親近感が生まれ、お互いにリラックスできます。

⑤誘導を終えるときには、その後に一人で移動できるよう、まわりの状況を説明してから離れます。もちろん、同じ方向に行く他の人に、誘導を依頼することも良い方法です。

子どもの場合の介助メモ

子どもは、自分の意志や要求を自分本位な短い言葉でしか伝えることができないため、まずは子どもの話を最後まで聞いて、意思確認を十分に行ないましょう。また、腕をもたせての手引きだけでなく、慣れてきたら、手をつないでの誘導は、子どもにぬくもりを伝え、安心感を与えます。

※P10〜11のイラストの参考文献・村上琢磨「視覚障害者の誘導法」

1 Q3 【言葉がけ】 視覚障がい者の方に言葉をかけた方がよいときは、どんなときでしょうか。

A3 危険を伴ったり、まわりの状況を判断しにくい場合は、ひと声かけて援助します。

①飛び出た障害物や、危険な場所への接近のとき

②駅のプラットホームにいるとき

③交差点での横断のとき

④バスや電車利用のとき

●バスの種類や料金支払い方法などの違いによって、乗車口や降車口が変わってきます。乗車口へ安全に導いてあげましょう。

※イラストの参考文献・村上琢磨「視覚障害者の誘導法」
※イラストの参考文献・村上琢磨「視覚障害者の誘導法」

視覚障がい者の方に、街角で出会ったら

⑤階段利用のとき

階段ですよ！

⑥エスカレーターやエレベーター利用のとき

もうすぐエスカレーターですよ！

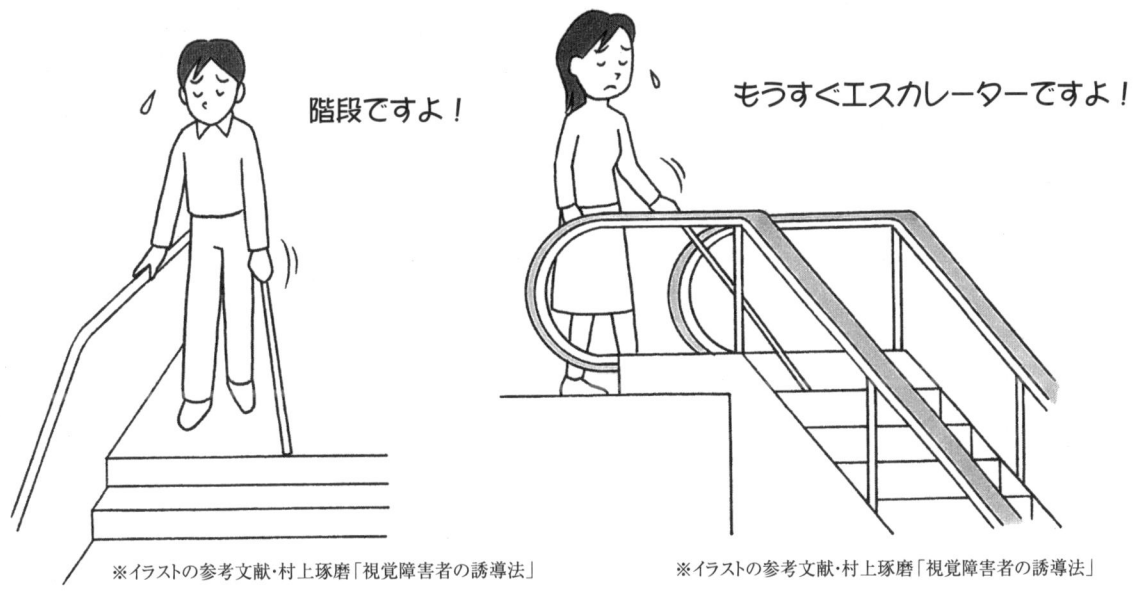

※イラストの参考文献・村上琢磨「視覚障害者の誘導法」

⑦人ごみで混雑しているとき

⑧工事現場の近くや騒音の激しい場所にいるとき

まわりの音が騒がしすぎて状況がつかめていません。すすんで誘導・手引きをしてあげてください。

子どもの場合の介助メモ

子どもは、興味あるものを持って歩いていると、まわりに注意が向かなくなるため、とくに賑やかな街中や人ごみの中では、時折、声をかけることが大切です。喫煙している歩行者がいるときも、たばこの火が顔や身体にあたらないように、ひと声かけてあげましょう。

視覚障がい者の方への援助 2

安全に誘導するための手引き（介助歩行）

視覚障がい者の方を手引き（介助歩行）で誘導する際に、最も注意しなければならないことは、安全の確保です。本書では、視覚障がい者の方を、手引き（介助歩行）で安全に誘導する人を「ヘルパー」と呼びます。そのための手引きの技術を説明します。

Q4 【安全な手引き】安全に誘導するための手引き（介助歩行）の基本を教えてください。

①手引き者（ヘルパー）は、視覚障がい者の方より半歩前に立ち、肘付近を軽く握らせてあげてください。

②手引きしている腕は、自然に下げて、余分な力はできるだけ抜くようにします。緊張したり、肘を突っ張ったり、肘が身体から離れたりすると、ヘルパーの動きを視覚障がい者の方に伝えにくくなります。

③視覚障がい者の方が肘を強く握ったり、尻込みをしているときは、視覚障がい者の方が不安を感じているときですから、歩く速さをやや遅めにしたり、会話で不安や緊張を和らげたりしてください。

④歩行中は、2人分の幅をとっているので、視覚障がい者の方の近くの障害物には、くれぐれも注意をしてください。

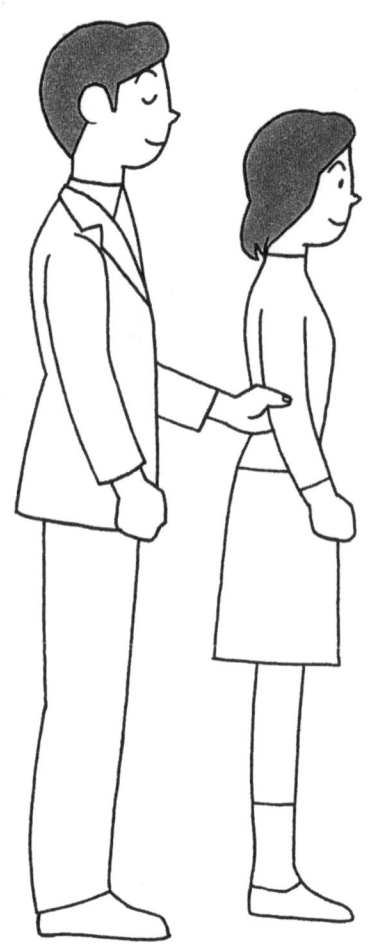

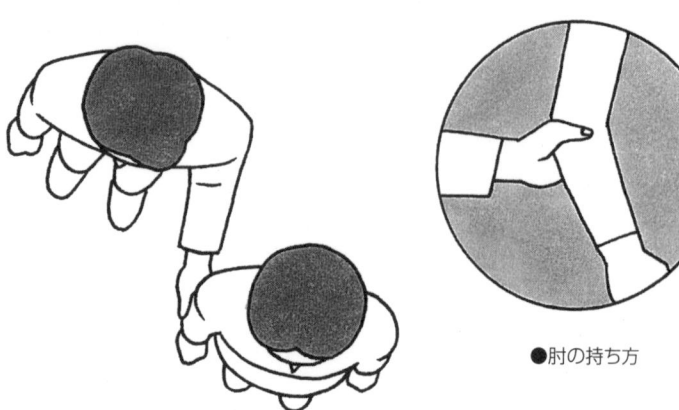

●上から見た立ち位置　　●肘の持ち方

安全に誘導するための手引き（介助歩行）

⑤物をよけるとき（基本形で2人が通れない場合）は、狭いところを通る要領で進みます。まずは、狭くなることを伝えます。手引きしている腕を後ろにまわして、ヘルパーが先に立ち、前後に並んで通ります。このとき、ヘルパーは、身体が常に進行方向に向くように心がけます。視覚障がい者の方には、肘を持っている腕を伸ばしてもらい、ヘルパーとの距離をとるようにしてもらいます。歩く速さは、ゆっくりとしたペースで、通り過ぎたら、もとの基本形にもどります。

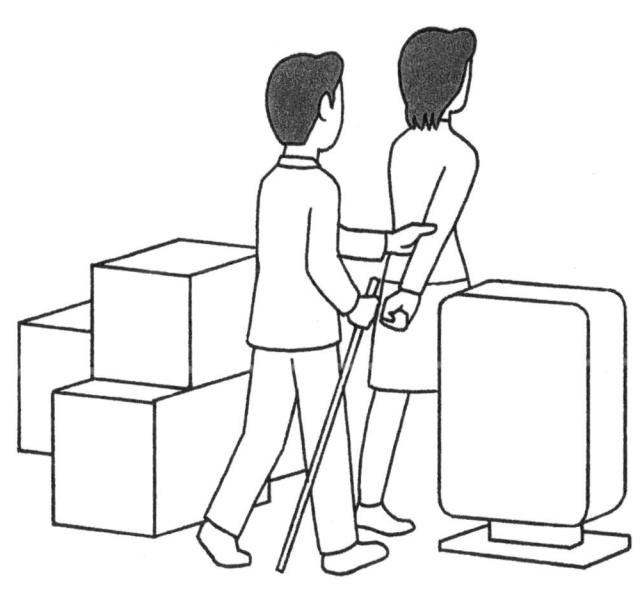

⑥ヘルパーと視覚障がい者の方の身長が大きく異なる場合は、お互いに無理のない姿勢で、とくに視覚障がい者の方には、ヘルパーの腕のつかみやすい部分（肘の上や下、または肩）をつかむようにしてもらいましょう。

⑦子どもの場合は、ヘルパーが子どもの手を握ります。

⑧後ろから押したり、抱きかかえるような誘導は、視覚障がい者の方にとっては、方向が定まらず、不安を抱くことになるので、絶対に避けましょう。

子どもの場合の介助メモ

子どもはスキンシップを通して気持ちを安定させるため、しっかり寄り添って誘導しましょう。また、子どもの歩幅に合わせて誘導することも、安全上、大切な留意点となります。

※P14〜15イラストの参考文献・村上琢磨「視覚障害者の誘導法」

Q5 【狭いところでの手引き】
狭いところを通るときの手引きを教えてください。

A5
①1人しか通過することができないような、狭いところへ来たときには、狭くなることを伝えます。
②手引きしている腕を後ろにまわして、ヘルパーが先に立ち、前後に並んでゆっくり通ります。このとき、ヘルパーは、身体が常に進行方向に向くように心がけます。
③視覚障がい者の方には、肘を持っている腕を伸ばしてもらい、ヘルパーとの距離をとるようにしてもらいます。それによって、ヘルパーは、かかとを踏まれずに進むことができるのです。

●上から見た立ち位置

狭くなるので、後ろにきてください。

安全に誘導するための手引き（介助歩行）

④通り過ぎたら、もとの基本形にもどります。

狭いところを過ぎましたので、もと通りの位置でお願いします。

わかりました。

子どもの場合の介助メモ
子どもの方が先に進むということは、子どもにとって容易なことではないため、手引き者が手を後ろに伸ばして、前に立ち、ゆっくり進んで誘導してあげましょう。

※P16〜17のイラストの参考文献・村上琢磨「視覚障害者の誘導法」

2

Q6 【段差や階段での手引き】
段差や階段では、どのように手引きをしたらよいでしょうか。

A6
①段差や階段に対しては、まっすぐに近づきます。
②段の手前で立ち止まり、上りか、下りかを伝えます。
③つま先か白杖で、最初の段を確かめてもらいます。
④手すりを使用するか、しないかは、本人の判断に任せます。使用することを希望された場合には、手すりに触れさせてあげましょう。

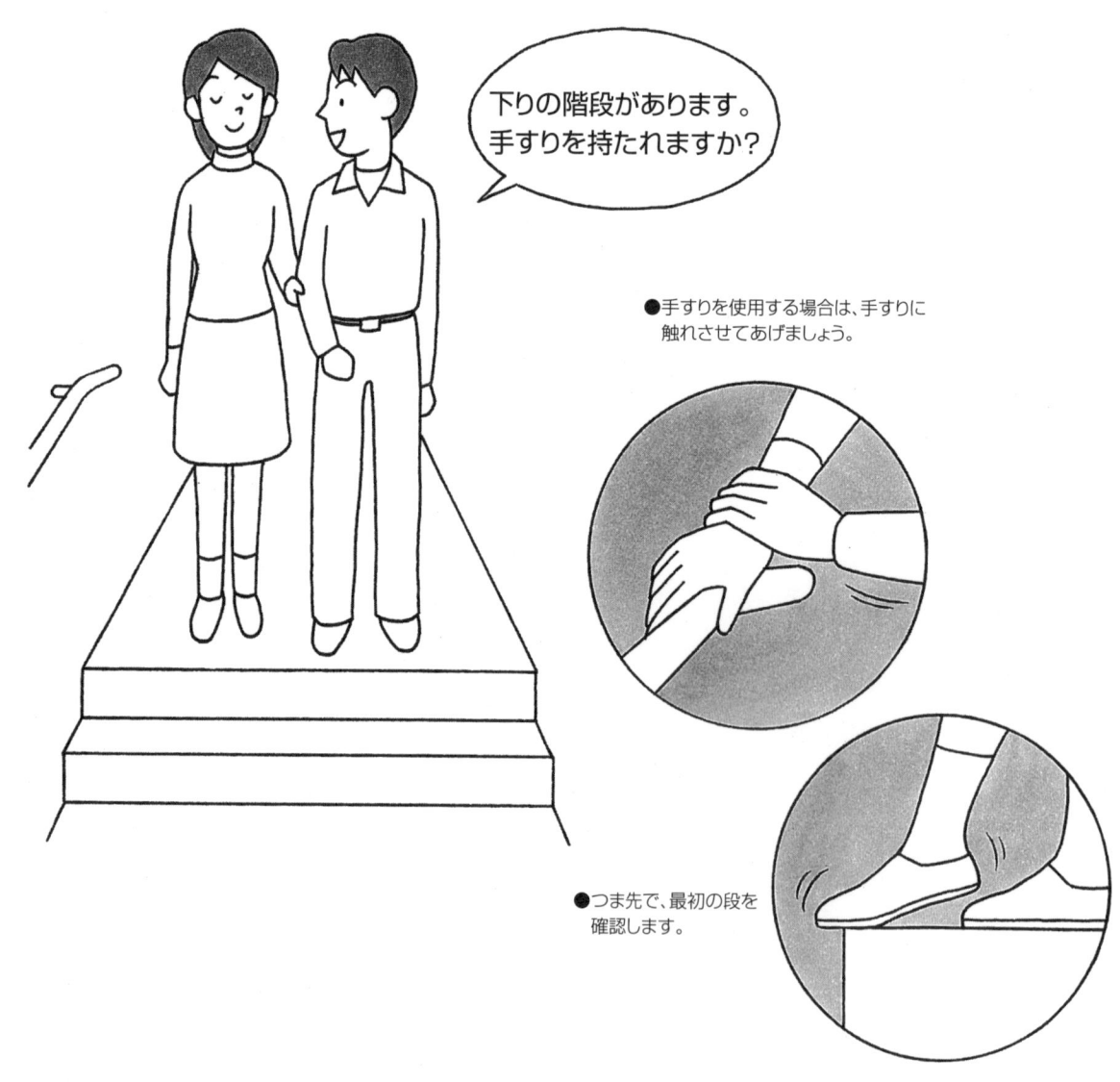

下りの階段があります。手すりを持たれますか？

●手すりを使用する場合は、手すりに触れさせてあげましょう。

●つま先で、最初の段を確認します。

安全に誘導するための手引き（介助歩行）

⑤ヘルパーは先に上り（下り）はじめ、視覚障がい者の方は一段後に続きます。
⑥段の終わりでは、視覚障がい者の方が完全に上り（下り）終えるのを待ってから、先に進みます。
⑦下りに恐怖感をもつ視覚障がい者の方が多いので、とくに安全には配慮をし、不安が生じない手引きを心がけます。

● 手すりを持って安心。
  ときには、ご自分で挑戦。
  すぐに補助できる位置で、
  見守ってあげてくださいね。

「最後の段が終わりました。」

子どもの場合の介助メモ
大人と比べて頭部の比率の大きい子どもにとっては、バランスを取りにくいため、両手で手すりを持たせることが多くなります。このとき、両手で手すりをもって上り下りできるよう指導しましょう。

※P18～19のイラストの参考文献・村上琢磨「視覚障害者の誘導法」

Q7 【車の乗り方】
車の乗り方の手引きは、どのようにしますか。

①ヘルパーは、ドアを開け、視覚障がい者の方の右手を屋根の上の部分に、左手をドアの上部に触れさせてあげます。そうすることで、進行方向や高さがわかり、頭をぶつけたりすることはなくなります。

②屋根に手を触れさせてあげながら、腰の部分から乗り込んでもらうようにします。白杖は、ドア側に寄せておくように伝えます。

安全に誘導するための手引き（介助歩行）

③車の乗降に慣れている視覚障がい者の方に対しては、ドアの取っ手に触れさせてあげるだけで結構です。

ここが取っ手です。

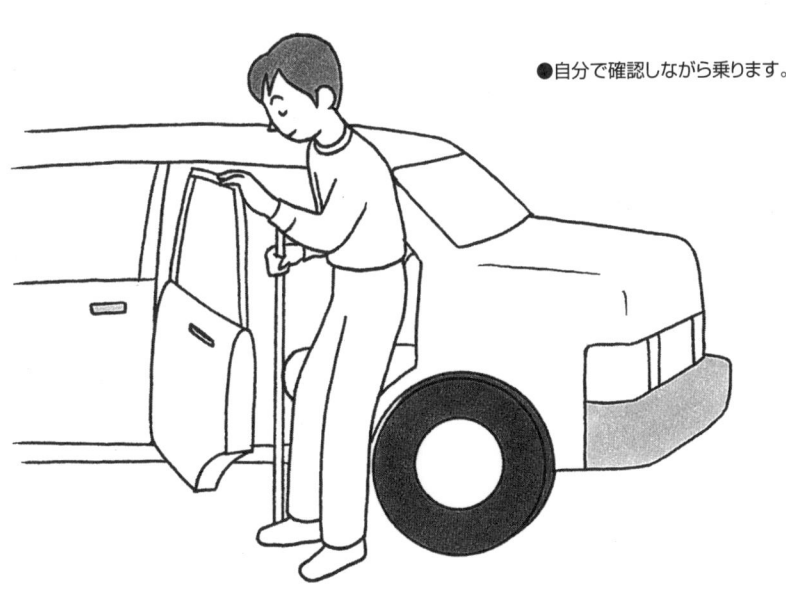

●自分で確認しながら乗ります。

> **子どもの場合の介助メモ**
> 子どもは、両手でシートに触れて中に入る場合が多いので、ドアの開きが安定してから中に入るようにさせます。

※P20〜21のイラストの参考文献・村上琢磨「視覚障害者の誘導法」

Q8 【バス利用の手引き】
バスの利用の手引きはどのようにしますか。

A8
①歩道から車道へいったん降りて、バスに乗車する場合は、「車道に降り、バスに乗ります」というように、状況を説明する言葉をかけます。降りるときも同様に、「直接、歩道に降ります」という具合に、伝えます。

②バスの乗降口にまっすぐ近づきます。手すりやステップの高さ、整理券の受け取り場所を伝えます。

車道に降り、バスに乗ります。

- バスの乗降口の位置はさまざまですので注意してください。

安全に誘導するための手引き（介助歩行）

③発車の勢いで倒れないように、乗車したら吊革(つりかわ)か手すりをつかんでもらいます。
④運賃の支払いは、事前に相談し、決めておきます。
⑤ヘルパーは、先に乗降します。

●バスを降りるとき、ヘルパーがステップの手すりに導いて、一段ごとに両足を着き、視覚障がい者に合わせて降ります。

子どもの場合の介助メモ

乗り降りの際、身長の低い幼児の場合は、とくにバス乗降口の手すりの位置と高さや、ステップの高さ、段差の大きさを知らせましょう。車内では、カーブする際の激しい揺れや急ブレーキにも倒れないように、手すりや支柱をしっかり持たせることが大切です。

※P22〜23のイラストの参考文献・村上琢磨「視覚障害者の誘導法」

Q9 【電車利用の手引き】
電車の利用の手引きはどのようにしますか。

A9
①ヘルパーは、先に乗降します。そのとき、視覚障がい者の方がホームと電車の隙間に足を踏みはずさないように、注意します。
②ホームの縁にまっすぐ近づき、ホームと電車の隙間と電車のステップの高さを、視覚障がい者の方に白杖で確認してもらいます。
③視覚障がい者の方の手を、手すりや戸袋[※1]に触れさせ、足元を確認した後に、乗車します。降りる場合も、同じ要領で行ないます。

※1 あけた戸をしまっておくために端に設けた囲い

●ホームと電車の隙間、電車のステップの高さを確認

●戸袋と足元の確認

安全に誘導するための手引き（介助歩行）

④乗車したら、発車の勢いで倒れないように、吊革か手すりをつかむようにしてもらいます。

● 戸袋を触って乗車します。

● 降りるときは、ドアの前に立ちます。

● 視覚障がい者の方は、片手で誘導者の肘を、もう一方の手で戸袋に触れ、片足でドアレールを確認します。

子どもの場合の介助メモ

ホームと電車との隙間に気をつけて乗り降りをさせます。座っている乗客の足を踏んでしまったり、安定した空間の確保が難しいため、出入り口付近の支柱を持たせて、足場を安定させましょう。その際、ヘルパーはドア側に立ちます。

※P24〜25のイラストの参考文献・村上琢磨「視覚障害者の誘導法」

Q10 【ドアの通り抜けの手引き】
ドアの通り抜けの手引きはどのようにしますか。

A10
①ドアの開閉のとき、ヘルパーはドアを開け、視覚障がい者の方が閉めるようにすると、スムーズにいきます。
②ヘルパーは、ノブ（ドアの取っ手）側に、視覚障がい者の方は蝶つがい[※1]側に、それぞれが位置します。
③ドアが開く方向（押しドアか、引きドアか等）を伝えます。
②ヘルパーは、ドアを開き、視覚障がい者の方の空いている手にノブを持たせてあげます。

※1　ドアを開閉するために取りつける金具

- ドアのタイプを視覚障がい者の方に伝えます。
- ヘルパーはノブ（ドアの取っ手）側に、視覚障がい者の方は蝶つがい側に立ちます。

安全に誘導するための手引き（介助歩行）

●ドアを引くときは、2人ともさがります。

●ヘルパーは前進し、視覚障がい者の方の手をドアエッジまたはノブに導きます。

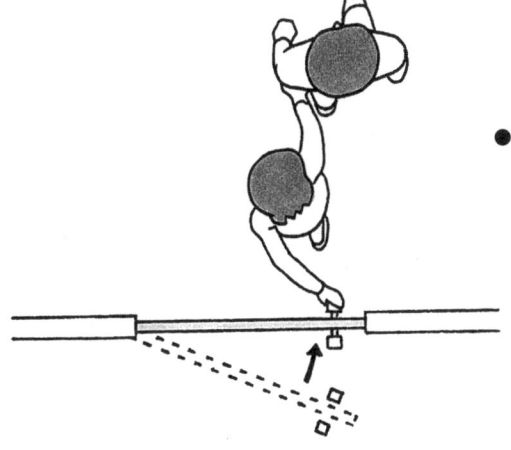

●視覚障がい者の方は、ドアを通り抜けるとき、ドアの裏側のノブに持ちかえて閉めます。

子どもの場合の介助メモ
ドアが子ども自身に当たらないよう、ドアとの距離にゆとりを持たせて位置しましょう。
押しドア・引きドアともに、空いている方の手でドアを保持したり、閉めたりさせます。

※P26〜27のイラストの参考文献・村上琢磨「視覚障害者の誘導法」

2

Q11 【エレベーター利用の手引き】
エレベーターでの手引きはどのようにしますか。

A11
①エレベーターを利用することを伝えます。
②エレベーターの中に入ったら、お互い扉の方を向き、出る準備をしておきます。

- エレベーターに入るとき、視覚障がい者の方の手を入り口の戸袋に導く。
- 建物の階数は知らせてあげましょう。

安全に誘導するための手引き（介助歩行）

●降りるときも、視覚障がい者の方の手を入り口の戸袋に導きます。
これは、ぶつかるのを防ぐためと、出口を確認するためです。

　子どもの場合の介助メモ
エレベーター中では、壁に触れさせるようにすると、場所の確認ができ、安心できます。
また、空いている手を入り口の戸袋に触れさせ、安全を確認した上で降りるようにします。

※P28〜29のイラストの参考文献・村上琢磨「視覚障害者の誘導法」

Q12 【エスカレーター利用の手引き】
エスカレーターでの手引きはどのようにしますか。

A12
①エスカレーターを利用するということと、それが上りか下りかを伝えます。
②エスカレーターの手前で、まず、立ち止まり、空いている手をベルトに触れるように誘導します。
③ヘルパーは、一段先に位置するようにして、タイミングよく乗り込みます。
④エスカレーターの終わりが近づいたら、そのことを伝えます。降りる際は、お互いにバランスを崩さないよう、タイミングよく降ります。

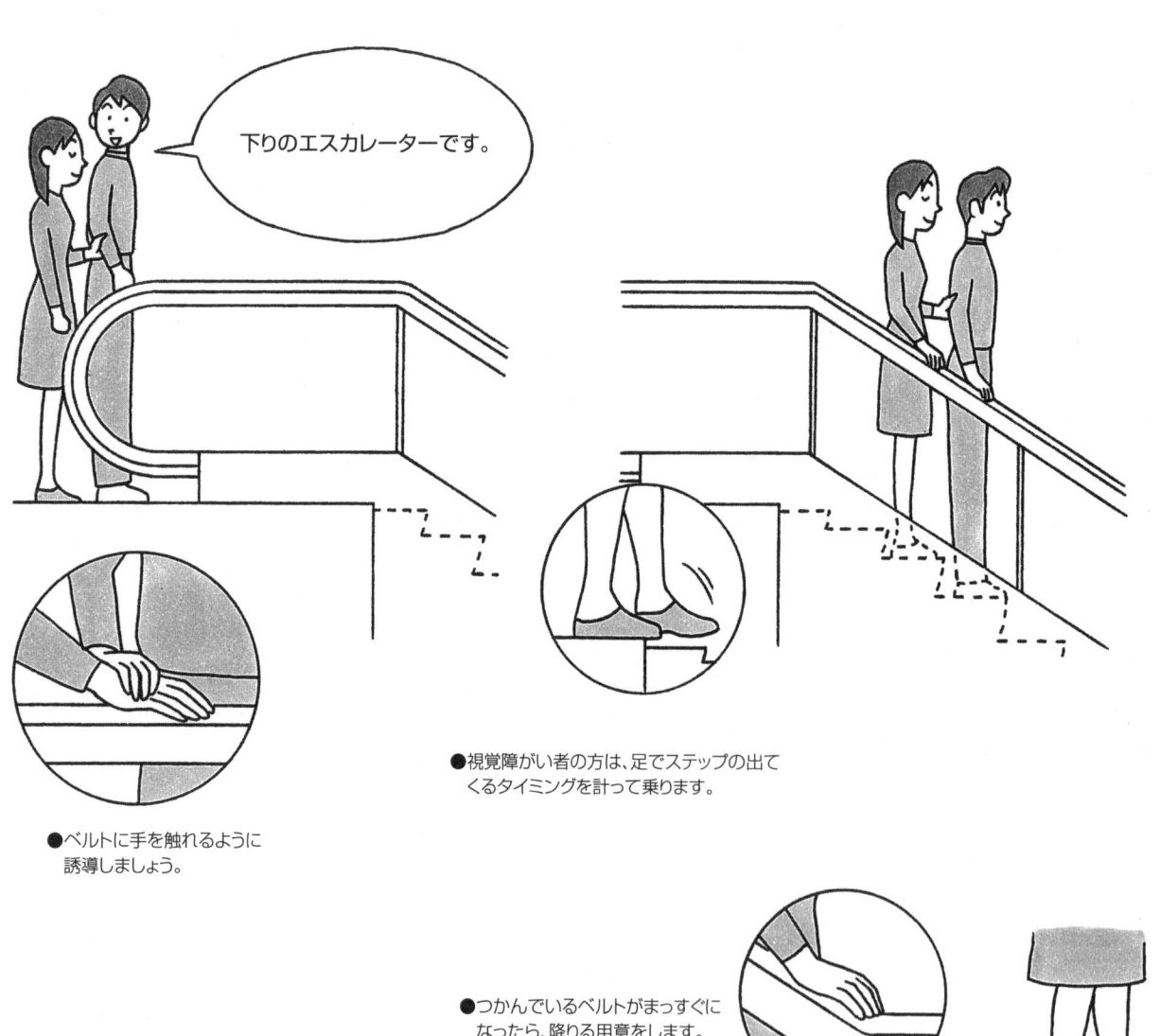

「下りのエスカレーターです。」

● ベルトに手を触れるように誘導しましょう。

● 視覚障がい者の方は、足でステップの出てくるタイミングを計って乗ります。

● つかんでいるベルトがまっすぐになったら、降りる用意をします。

安全に誘導するための手引き（介助歩行）

⑤単独で利用する方が安心できるという場合には、そのようにさせてあげましょう。
⑥バランスを崩しやすい方やお年寄りの場合は、安全を十分に確保できる援助を工夫し、心がけます。例えば、エスカレーターに乗ったら、視覚障がい者の方より（一段）下から援助することが、より安全につながる場合もあります。

●単独で行動する際、ヘルパーは、降りた位置で視覚障がい者の方が後ろから降りてくるのを待ちます。

> **子どもの場合の介助メモ**
> 子どもが低年齢の場合、上りの際には子どもの背後に位置したり、子どもの腰部分に、ヘルパーの片手を回して並んで乗ったりします。下りの際は、子どもの前に位置しましょう。

※P30〜31のイラストの参考文献・村上琢磨「視覚障害者の誘導法」

Q13 【トイレ利用の手引き】
トイレの案内・誘導はどのようにしますか。

A13
①手引きでトイレまで行きます。
②大便器の場合、ドアの前まで案内し、中の仕組みを簡単に説明します。最低限必要な情報は、「便器の位置と使用法」「鍵の位置とかけ方」「トイレットペーパーの位置」「水洗レバーのタイプと位置」「くず入れの位置」です。
③小便器の場合は、便器の正面に案内します。
④水洗が押しボタン式の場合、その位置を触れさせてあげます。
⑤用を足し終えたら、洗面台へ誘導します。

最低限必要な情報

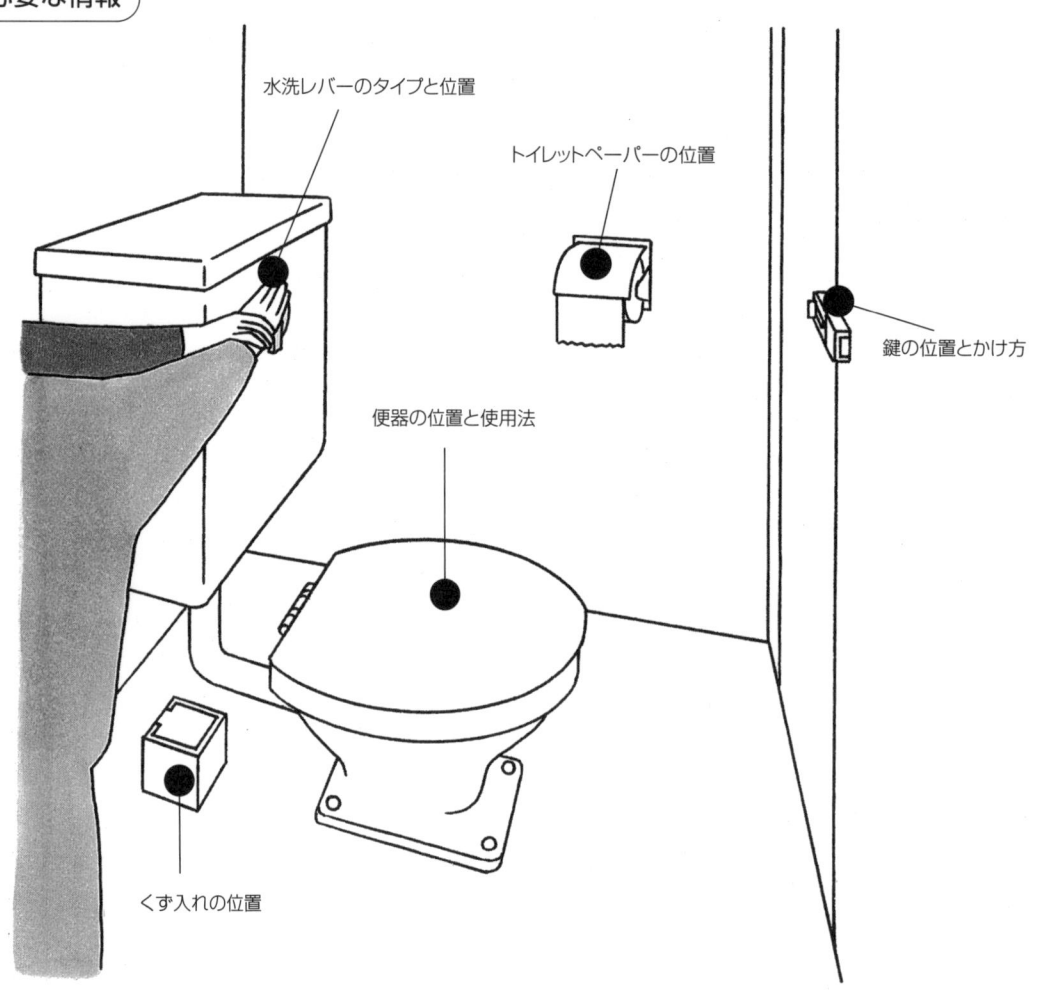

水洗レバーのタイプと位置
トイレットペーパーの位置
鍵の位置とかけ方
便器の位置と使用法
くず入れの位置

安全に誘導するための手引き（介助歩行）

●異性の視覚障がい者の方をトイレに案内する場合は、視覚障がい者の方と同性の店員の方や近くにいる利用者の方に、誘導を依頼することも良い方法です。

子どもの場合の介助メモ
子どもの年齢が低い場合は、まず、子どもに用を終えたことを伝えさせ、レバーの位置を伝えていっしょに後の処理をするのがよいでしょう。

※P32〜33のイラストの参考文献・村上琢磨「視覚障害者の誘導法」

視覚障がい者の方への援助 3

買い物の援助

買い物援助は、見立てた商品の購入後の返品や金銭トラブル等、信用を損なうという問題を生じることが多々あるので、ぜひとも慎重な援助を心がけましょう。

Q14 【商品選択の援助】
商品選択の援助のしかたはどのようにしますか。

A14
①私用か、贈答用か等の商品の用途は、選んであげる前によく聞いておきます。
②ヘルパーは、商品についてできるだけ詳しく説明します。
③商品の説明は、値段・色・形・サイズ・材質・機能・操作方法について行ないます。
　中でも、値段はハッキリと伝えます。

買い物の援助

④実際に手にとって触れることができるようにします。
⑤必要によっては、店員の意見を参考にします。

機能　値段　色　形　サイズ　材質　操作方法

こちらが丸首で、こちらはVネックです。Vネックの方が脱ぎ着が楽にできますね。

色は赤で、ウール100%　6,800円でございます。

●説明は細かく、詳しくしましょう。
　また、手に取って触れさせてあげましょう。
　値段は、ハッキリ伝えましょう。

子どもの場合の介助メモ
子どもは、自分本位な言葉でのコミュニケーションが多いため、事前に子どもが必要としている物の特徴をよく聞いて、それらを理解した上で、選ぶようにしましょう。

3

Q15 【お金の受け渡し援助】
お金の受け渡しの援助はどのようにしますか。

A15
①お金は、できるだけ視覚障がい者の方、ご自身で扱ってもらってください。
②支払いや釣り銭の受け取り等、お金の受け渡しをするときには、札や小銭の種類・枚数を、必ず声に出して、金銭別に確認して渡すようにします。

おつりは1000円でした。

買い物の援助

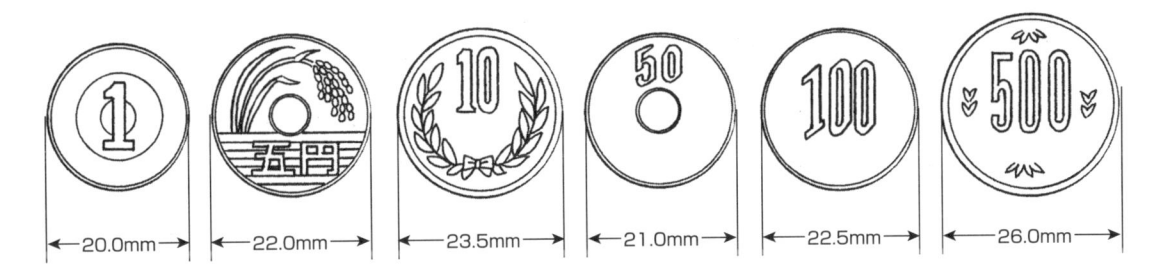

←20.0mm→ ←22.0mm→ ←23.5mm→ ←21.0mm→ ←22.5mm→ ←26.0mm→

●お金は種類別に分けて財布に入れるようにしましょう。

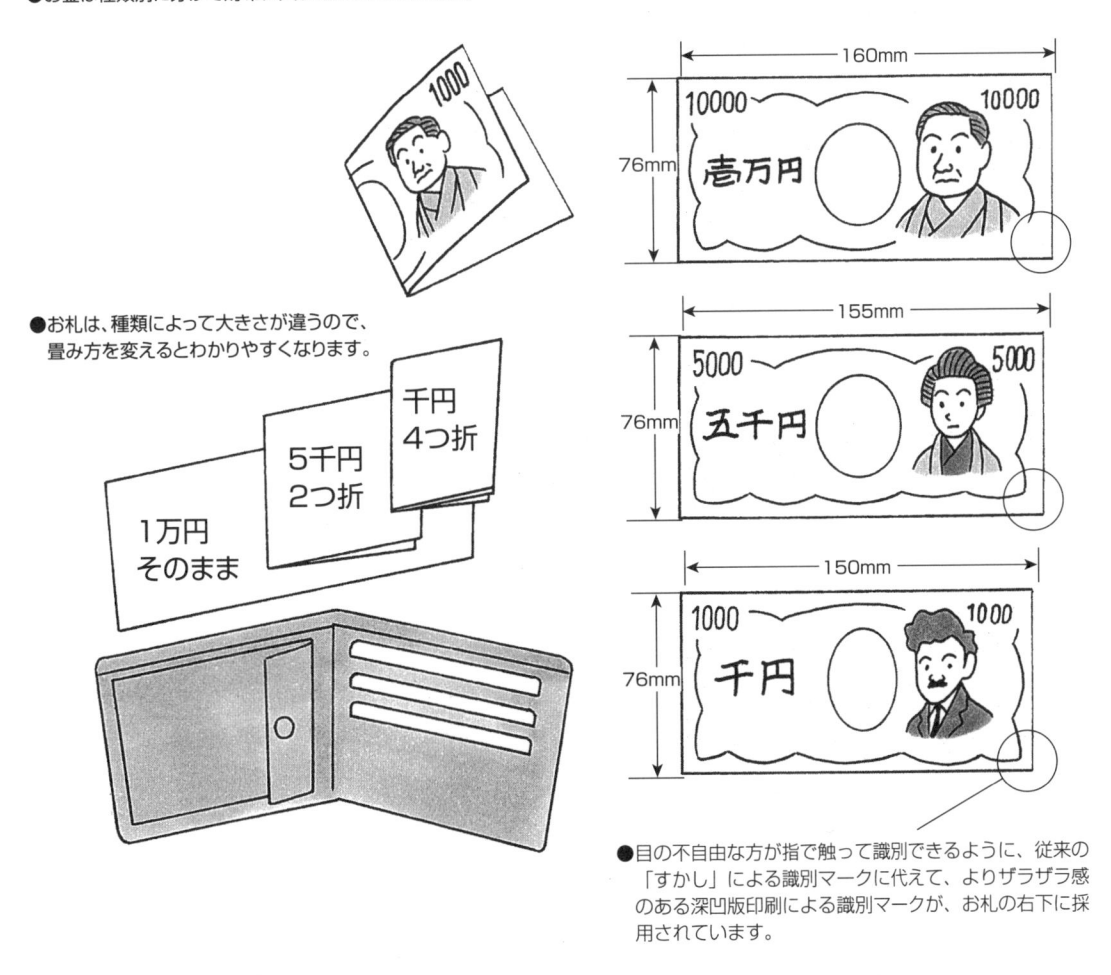

●お札は、種類によって大きさが違うので、畳み方を変えるとわかりやすくなります。

1万円 そのまま
5千円 2つ折
千円 4つ折

160mm / 76mm 壱万円
155mm / 76mm 五千円
150mm / 76mm 千円

●目の不自由な方が指で触って識別できるように、従来の「すかし」による識別マークに代えて、よりザラザラ感のある深凹版印刷による識別マークが、お札の右下に採用されています。

子どもの場合の介助メモ

外出先では、子どもによる高額の受け渡しが必要のないようにしておきましょう。お金のやり取りは、小銭や札を1枚ずつ子どもが取り出したときに、ヘルパーがお金の額を声に出して伝えていくことも大切です。

3 Q16 【店内移動の手引き】
店内での移動の手引きはどのようにしますか。

A16
①人混みや商品が出て通路が狭くなっているときは、「狭いところでの手引き（P16）」で移動します。
②買い物中は、白杖や荷物が周囲の人の迷惑にならないように配慮します。

● 「狭いところでの手引き」で誘導します。

買い物の援助

右前、足元に、お花の鉢があるので、杖を当てないように気をつけてください。

※イラストの参考文献・村上琢磨「視覚障害者の誘導法」

子どもの場合の介助メモ

コース選択は、人ごみを避け、商品の配置で突出物がなく、ぶつかる危険性のない状況のコースへ誘導することが大切です。

Q17 【一時的に離れるときの対処】
一時的に離れるときの対処の仕方は、どのようにしますか。

A17
①視覚障がい者の方から、一時的に離れるときは、視覚障がい者の方を壁や柱などに触れさせてあげましょう。広い空間に1人でいると、大変不安になります。
②離れる理由を伝えます。待つ方としても、安心して待てます。
③離れる前に、周囲の状況を簡単に伝えておきます。

●必ず壁や柱などに触れさせてあげましょう。

「ちょっと待っていてください。」

買い物の援助

「ちょっとお手洗いに行ってきますので、ここで待っていてください。隣に売店があります。ここは安全な場所なので、心配ありません。」

子どもの場合の介助メモ
とくに、初めて訪れた場所では、デパートや店の案内所などを利用し、店員の方にひと声かけて離れる等、子ども1人だけを置いて離れることのないようにしてください。

視覚障がい者の方への援助 4

喫茶店やレストラン利用の援助

喫茶店やレストランに入るときは、ドアの通り抜けの要領で行ない、室内では、テーブルとテーブルの間が狭くなっていることが多いので、狭いところの通過方法で移動します。

Q18 【イスを勧めるときの手引き】
イスを勧めるときの手引きは、どのようにしますか。

A18
①手引きの基本の形でイスに近づき、視覚障がい者の方の手を、イスの背もたれに軽く触れさせるように誘導します。
②背もたれの感触でイスの向きがわかり、あとは1人で座ることができます。
③テーブルがある場合、一方の手をイスの背もたれに、もう一方の手をテーブルの端に導きます。

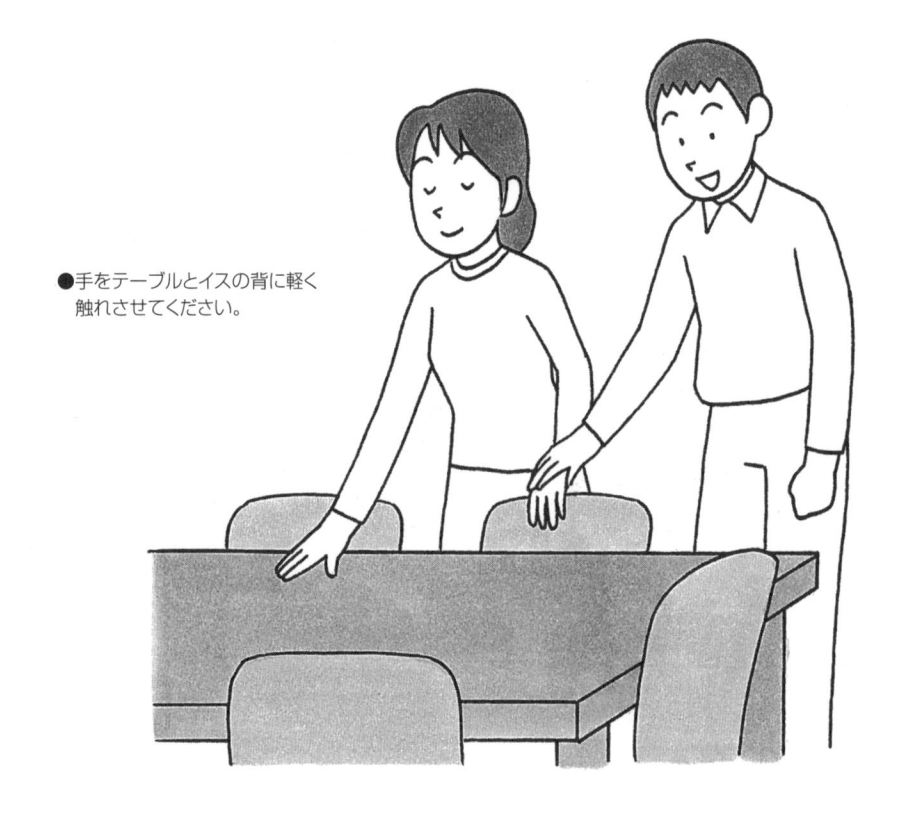

●手をテーブルとイスの背に軽く触れさせてください。

喫茶店やレストラン利用の援助

④背もたれのないイスやソファー等の場合は、座る部分に、手を直接触れさせます。
⑤視覚障がい者の方をイスに座らせる場合に、肩を上から押さえるようにして座らせることはしないようにしましょう。

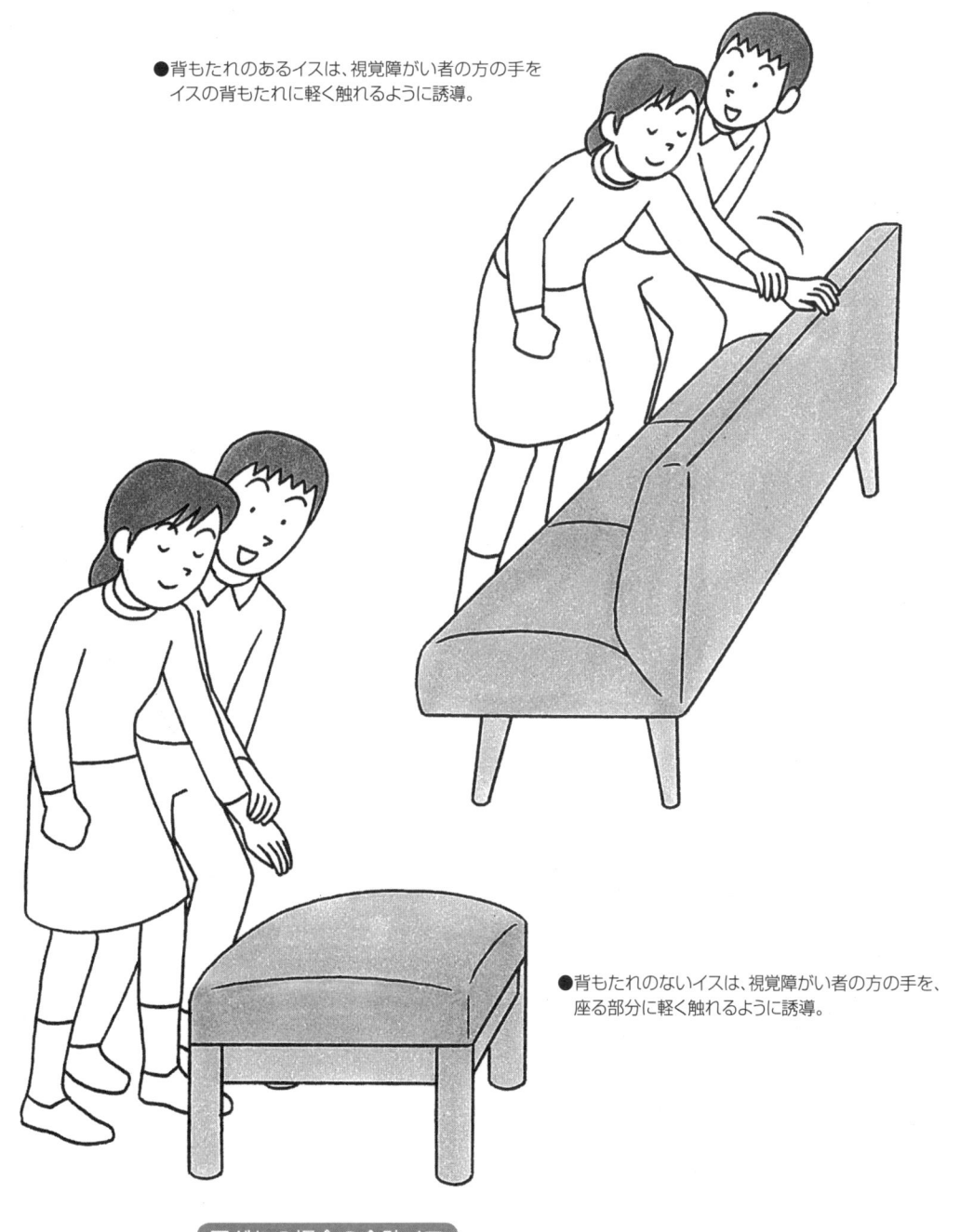

●背もたれのあるイスは、視覚障がい者の方の手をイスの背もたれに軽く触れるように誘導。

●背もたれのないイスは、視覚障がい者の方の手を、座る部分に軽く触れるように誘導。

子どもの場合の介助メモ

子どもにとって、イスが大きかったり重かったりするときは、着席の際に、ヘルパーがイスの背を持って、テーブルとイスに座った子どもの距離が空きすぎないように、近づけてあげましょう。

※P42～43のイラストの参考文献・村上琢磨「視覚障害者の誘導法」

4

Q19 【メニューや値段の説明】
メニューと値段の説明はどのようにしますか。

A19 席に着いたら、メニューは全部読み上げるのではなく、相手の好みや希望を聞き、それに合ったメニューを値段といっしょに読むようにします。

> エビピラフは
> いくらですか?

> 780円です。

喫茶店やレストラン利用の援助

●肉や玉子などの、焼き方や食べやすくしてもらう希望は、注文時に本人から店の係の人に、直接、言ってもらいましょう。

「お肉は、食べやすいように一口大に切ってください。」

「承知しました。」

●調味料や灰皿、紙ナプキンの位置など、事前に手で触れて確認し、その位置を動かさないようにしましょう。

子どもの場合の介助メモ
食べたいままに注文することのないよう、メニューの合計金額を伝え、手持ちのお金と照らし合わせて注文するようにさせましょう。

4

Q20 【物の位置説明】
テーブルの上の物の位置の説明は、どのようにしますか。

A20
①テーブルの上に料理や飲み物が置かれたら、その位置と料理の内容を説明します。
②テーブルを時計の文字盤に見立てて、物の位置を時刻に置き換えて説明します。
③食器を、手で直接触れさせてあげながら説明すると、より確実に理解できます。
④テーブルの説明が終わったら、相手の意向をよく聞き、手を貸すかどうかを判断します。過剰なサービスは必要ありません。

- 1時の位置にサラダがあります。
- 10時の位置にしょうゆがあります。
- 5時の位置にスープがあります。

●視覚障がい者の方の位置は6時であることを説明します。

喫茶店やレストラン利用の援助

●手を貸す場合は、視覚障がい者の方の手を物に導いて、物の名前と位置を説明します。

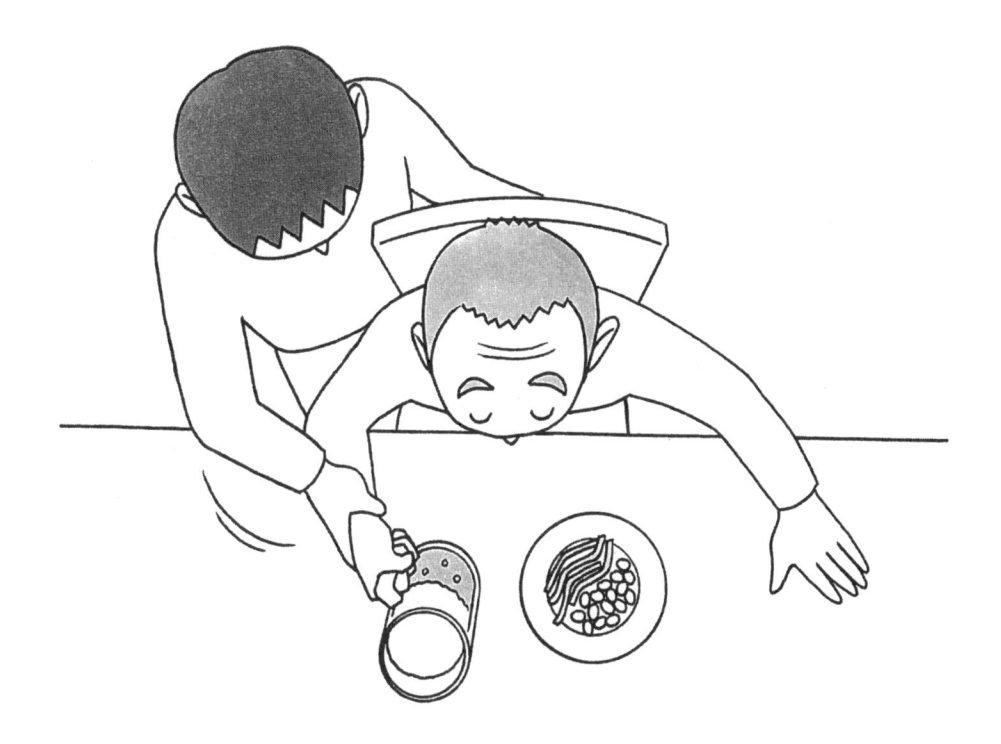

子どもの場合の介助メモ
手を食器にやって、直接、食器に触れさせてあげながら説明しましょう。お店のナプキンや手持ちのハンカチを胸につけるようにすると、食べこぼしによる汚れが防げます。

※P46〜47のイラストの参考文献・村上琢磨「視覚障害者の誘導法」

視覚障がい者の方への援助 5

ヘルパーとしての心得

視覚障がい者の方を、手引き（介助歩行）で安全に誘導する人を「ヘルパー」と呼びます。ここでは、手引きの基本を説明します。

Q21 【ヘルパーの服装】
ヘルパーの服装は、どのようなものがよいでしょうか？また、荷物はどのようにしますか？

A21
①手引きをするときの服装は、動きやすい服装と歩きやすい靴にすることを基本に、行き先や活動などの目的に合わせて考えましょう。

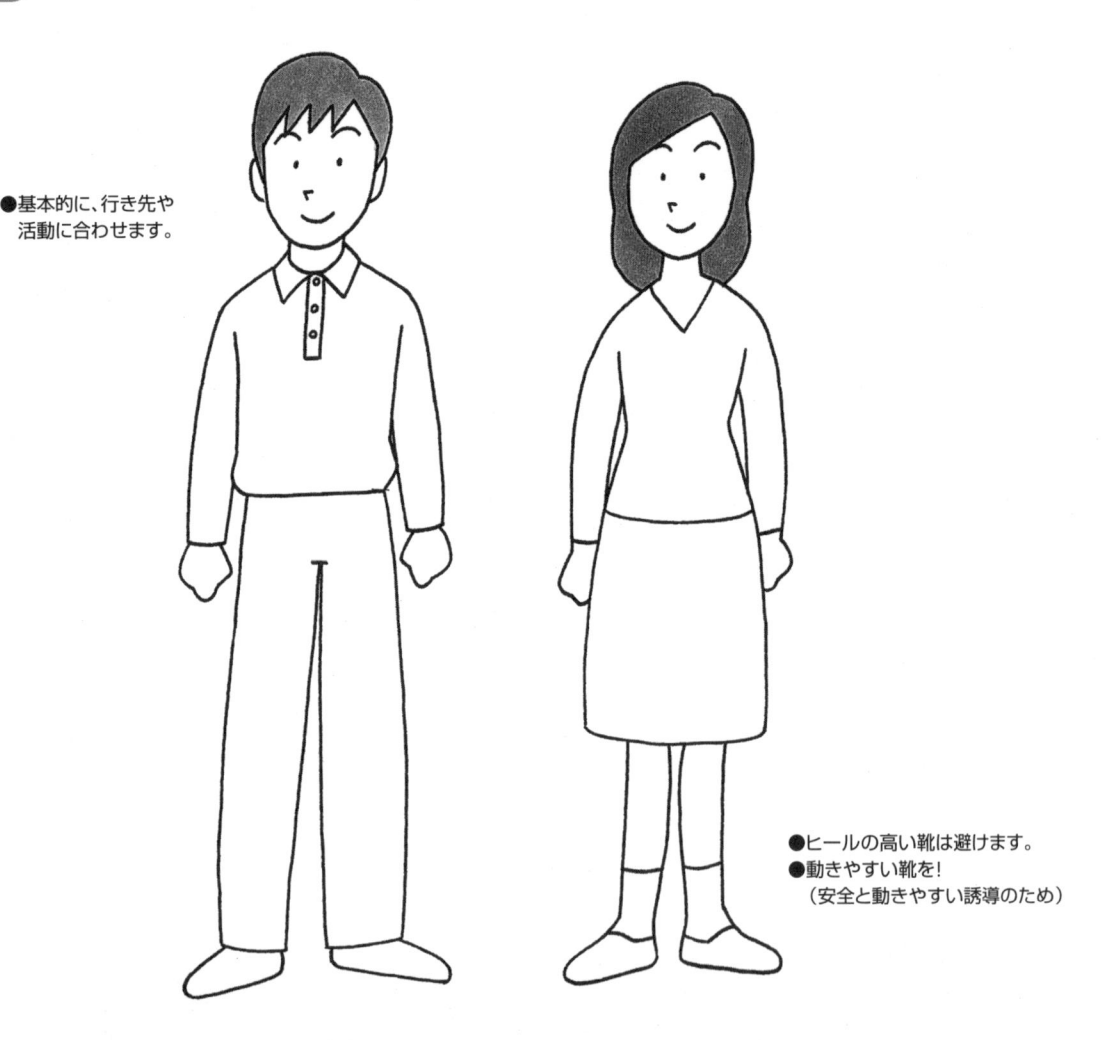

● 基本的に、行き先や活動に合わせます。

● ヒールの高い靴は避けます。
● 動きやすい靴を！
（安全と動きやすい誘導のため）

ヘルパーとしての心得

②手引きをするときは、両方の手が空いていることが望ましく、できるだけ荷物をもたないように配慮します。リュックのように、両手が自由になるカバンに荷物を入れて運ぶとよいでしょう。

●両手が自由になる状態がベスト

※このような場合にも対応できる服装。
- ●高齢者や病人など、通院のガイドを依頼する人は、心身ともに不安定なので、相手の状況に配慮し、ガイドする必要があります。
- ●基本の誘導スタイルにこだわらず、視覚障がい者の方の手を握ったり、横に立って腰を支える方法をとる必要もでてきます。

子どもの場合の介助メモ

動きやすい服装を心がけます。荷物は、リュックやウエストポーチ等を用いて、両手が自由になるようにしておきます。

5 Q22 【白杖の役割】
白杖はどのようにしますか。
（身体障害者福祉法にて盲人安全杖として呼ばれています。）

A22 手引きの際、視覚障がい者の方には、白杖を携帯してもらいます。
白杖を利用してもらうことにより、安全に手引きができます。

白杖が意味すること

①**安全の確保**／杖先で、障害物や段差を確認する。
②**情報の入手**／白杖は伝達性にすぐれ、路面の状況や点字ブロックを把握することができます。
③**シンボル**／周囲の人に白い杖を使用することで、視覚障がい者であることを知ってもらえます。

各白杖の特徴

- 折りたたみ式・スライド式は、収納が便利ですが、杖の継ぎ目があるため、伝達性が悪くなります。
- 直杖は、電車など外出先で置く際に、視覚に障害があるご本人にとって困ることがありますが、情報の伝達性に優れています。
- 柄がかさのように曲がっているサポートケインは、高齢の視覚障がい者や足腰の弱い方が白杖としての機能とともに体を支える機能を合わせ持ったものになります。

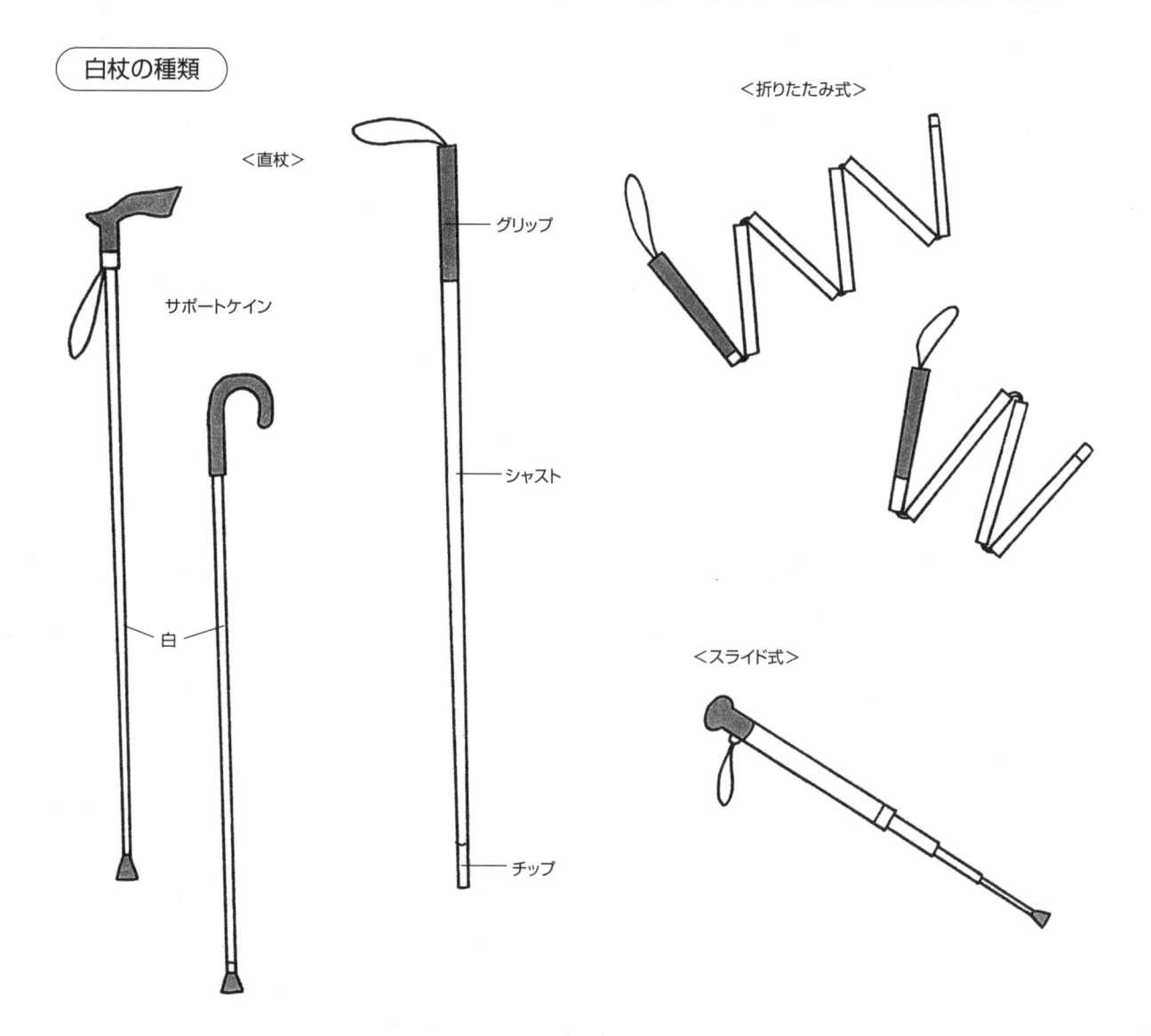

白杖の種類

＜直杖＞
サポートケイン
グリップ
シャスト
白
チップ
＜折りたたみ式＞
＜スライド式＞

ヘルパーとしての心得

白杖の役割

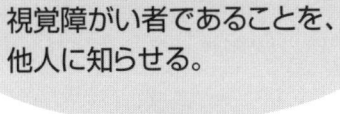

視覚障がい者であることを、他人に知らせる。

身体が障害物に直接ぶつかることを防ぐ。

一歩前方での段差を知る。

自分の位置を知る手がかりを得る。

路面の状況を知る。

※イラストの参考文献・村上琢磨「視覚障害者の誘導法」

子どもの場合の介助メモ

子どもは、一般的に、白杖使用の熟練度が浅いため、ヘルパーは前方の様子やまわりの状況を、しっかり言葉で伝えていきましょう。

5

Q23 【雨の日の手引き】
雨の日の手引きは、どのようにしますか。

A23 雨の日の手引きでは、2本の傘をそれぞれにさすのは困難ですので、大きめの1本の傘に、2人が入るようにします。このとき、手引きの基本の形より前後の距離を詰めて、やや横に並ぶ状態にします。もちろん、お互いが濡れないように、レインコートや雨靴を着用すると、さらによいでしょう。雨の日は、路面が濡れて足元や白杖が滑りやすくなっているので、よりいっそうの注意が必要です。

- 大きめの傘
- 視覚障がい者の方の手を傘の柄に誘導し、もってもらう。
- レインコート
- すべらない靴や長靴を着用する。

ヘルパーとしての心得

●雨の日は、横に並ぶ状態になることが多いので、階段や段差などは、同時に下りることになります。踏みはずしには、とくに気をつけましょう。

●滑りやすいところは、ゆっくりと歩きましょう。

子どもの場合の介助メモ
傘を使用しての歩行は、子どもにとって困難なため、できるだけレインコートを着用させて外出するとよいでしょう。その際、明るく目立つ色合いのものを着用させると、より安全です。

※P52～53のイラストの参考文献・村上琢磨「視覚障害者の誘導法」

5 Q24 【ヘルパーの配慮とマナー】
ヘルパーの配慮とマナーは、どのようなものですか?

A24
①視覚障がい者の方が安心して手引きが受けられるよう、信頼関係を築くことが大切です。
②手引きをしているときは、街の様子の説明や状況の変化に応じて、例えば、「右に曲がります」とか、「段差があります」といった言葉がけが大切です。
③視覚障がい者の方のプライバシーについては、深入りをしないようにします。
④同情や哀れみで接するのではなく、相手の人格を尊重し、理解しようとする姿勢が大切です。

●事前に話をして信頼関係を築きましょう。

●街の様子の説明や状況に応じての言葉がけが大変重要です。

「このまま、まっすぐな道が続きます。」

「ありがとうございます。」

ヘルパーとしての心得

⑤あくまでも安全性を第一に手引きすることが大切です。
⑥約束の時間を厳守してください。ヘルパーが待ち合わせの時間に遅れた場合、視覚障がい者の方が、自分が時間や場所を間違えたのではないかと、大変不安を抱かれます。

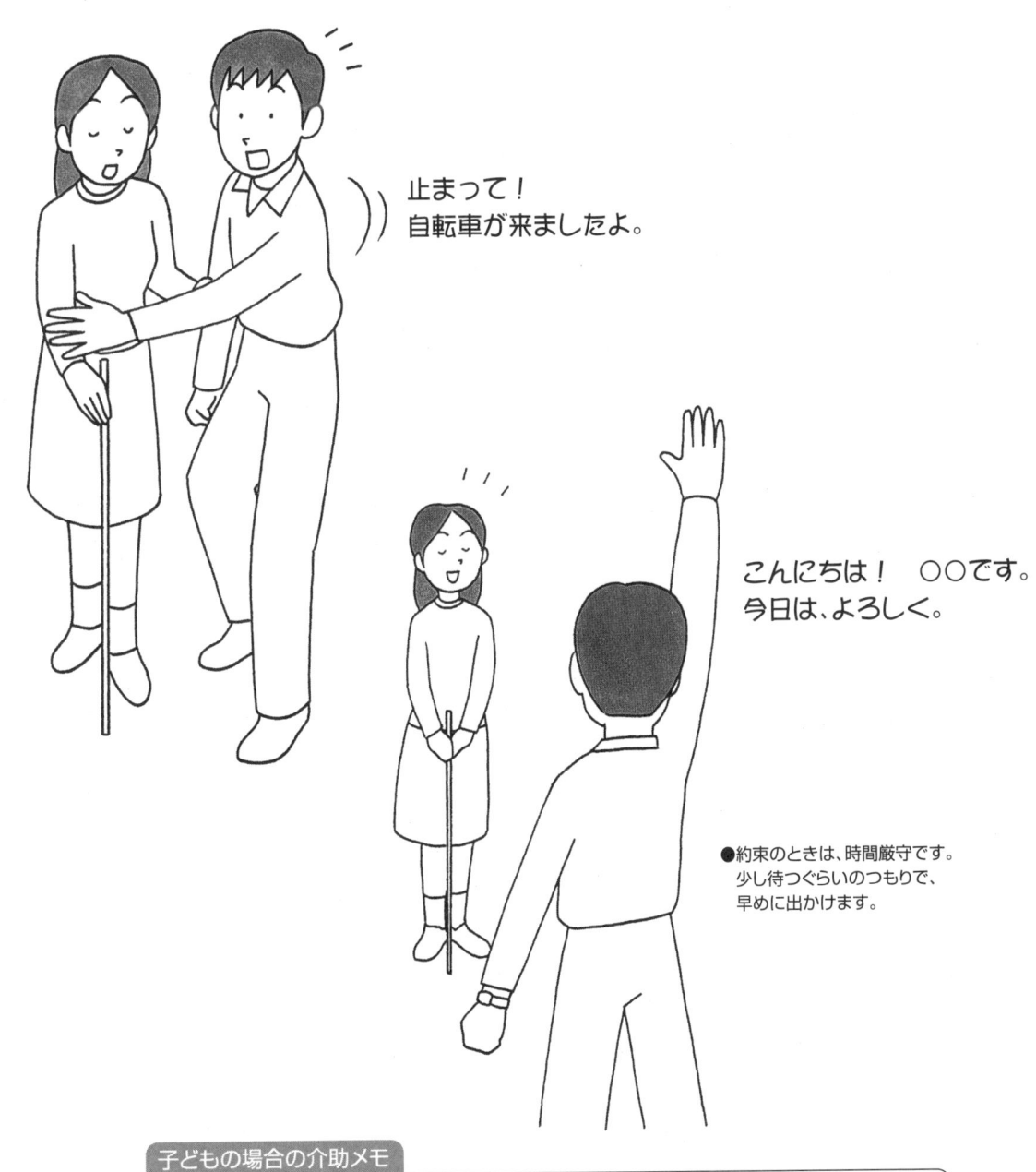

止まって！
自転車が来ましたよ。

こんにちは！　○○です。
今日は、よろしく。

●約束のときは、時間厳守です。
　少し待つぐらいのつもりで、
　早めに出かけます。

子どもの場合の介助メモ
子どもとのやりとりの中では、"誉める"ということが何より大切になります。子どもの行為や発言を認め、受け入れるヘルパーの姿勢が、子どもに安心感を与えると同時に、信頼関係の第一歩となります。

視覚障がい者の方とできるレクリエーション

ハンカチ落として、1・2・3、ゴー！

準備物 イス（参加者数−1）…円形に並べます。背もたれのない積木も有用です。
ハンカチ（1）

すすめ方

①イスを時計まわりの向きに配置し、円を作ります。
②ジャンケンで鬼を1人決め、鬼以外は全員、席に着きます。
③席に着いた人は、前の席の人の肩に両手をのせます。
④準備ができたら、鬼は「○○（名前）さんの鬼でゲームスタート」と合図します。すべて歩いて行ないます。
⑤鬼は座っている一人ひとりにタッチし、肩や腕をつたいながら時計まわりに進んで行き、次に鬼にしたい人の手にハンカチをのせ、「ハンカチ落とした」と合図します。
⑥鬼の合図に従い、参加者は全員で「1,2,3」と声を出して3秒数えます。その間に鬼は、1周まわり、空いた席に座ろうとします。
⑦ハンカチを渡された人は、3秒後に、すぐ鬼を追いかけます。
⑧ハンカチを渡された人が鬼に追いつき、タッチしたら「アウト」と合図し、鬼は継続となり、ゲームを続けます。
⑨鬼が先に席に座ったら、「セーフ」と合図を出し、鬼は交替となります。

※視覚障がい者の方が鬼になった場合は、補助者が横に付き、ハンカチを落としたあと、席に着くまで、声を出して誘導してもよいです。

Point ゲームを始める前に、円形になって座っている参加者の肩や腕をつたって1周する動きを行なって、慣れておきましょう。

| この運動のねらい | 参加者の肩や腕をたよりにつたい歩きをすることで、身体認識力や空間認知能力を高め、歩くという移動系運動スキルを向上させます。また、安定した移動のためには、体のバランスを維持する能力（平衡感覚）を高めていきます。 |

（使っている運動のスキル）　移動系運動スキル（歩く）

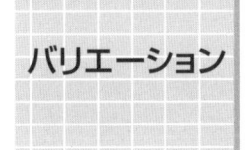

バリエーション

- 参加者が視覚障がい者の方のみの場合、鬼やハンカチを渡されて追いかける人は、「みんな、どこ？」と、3回まで尋ねることができることにします。尋ねられたら、円になっている人は、全員「ここです、ここです」と返事して、背の位置を知らせるルールを加えると、はずれた動きの軌道を修正しやすくなります。また、うたを歌いながら行なうと、リズム感が出てより楽しくできるでしょう。
- 補助者が、鬼にハンカチをのせられた人の名前をみんなに伝えたり、追いかけっこをしている状況を、声に出して実況説明すると楽しさが広がります。

子どもの場合の介助メモ

視覚障がい者の子どもにも状況がわかるように、ゲームに支障のない範囲で状況を説明してあげると、よりいっそう楽しむことができます。

視覚障がい者の方とできるレクリエーション

動く的に、玉入れ！

準備物 赤色お手玉（5×チームの人数）、白色お手玉（5×チームの人数）、笛（1）、座ぶとん（人数）、的（1）…カゴにヒモと音のでるものをつける。

すすめ方

①赤チームと白チームに分かれます。
②1人が自分の色のお手玉を5個ずつ持って、自分のチームの陣地の座ぶとんの上に座ります。
③補助者2人がかごの的につけたヒモを引き合いながら、的をゆっくり移動させます。
④笛の合図があったら、音のでる的の中にお手玉を投げ入れます。
⑤全員が投げ終わったら、補助者はチームごとのお手玉を1個ずつ投げ上げて数を数えます。
⑥的の中に入ったお手玉の数の多いチームの勝ちです。

赤チーム
補助者2
補助者1
白チーム

Point 投げるタイミングがつかめるよう、補助者はカゴを引くスピードを一定にしてみましょう。慣れてきたら、いろいろなスピードでカゴを引いてみましょう。

| この運動のねらい | 移動する音を聞くことにより集中力を高め、お手玉を投げることにより協応性や筋力を高めて、操作系運動スキルを向上させます。カゴの存在を確かめて、お手玉をカゴに入れようとするのは、空間認知能力を高めることにつながります。 |

（使っている運動のスキル）　操作系運動スキル

●お手玉の作り方

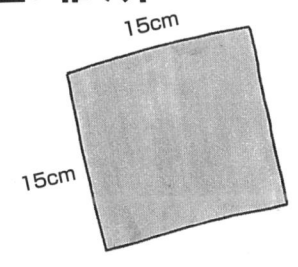

①一辺が15cmの布を用意します。

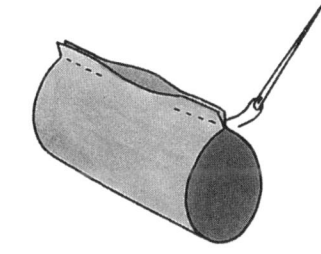

②筒状にして合わせた辺を両端から5cmずつ縫います。

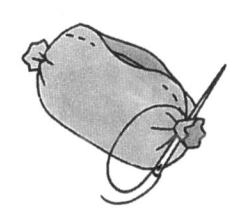

③筒の両端を図のように糸でしばりながら縫います。

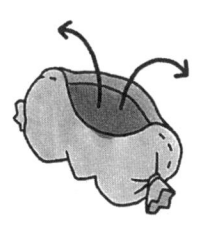

④辺の縫い合わせていないところから筒を裏返します。

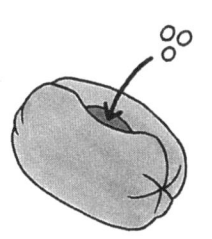

⑤裏返した穴から中身を入れます。

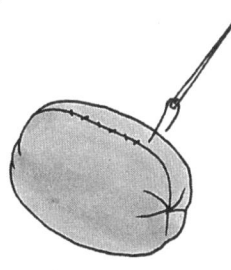

⑥その穴を縫い合わせればできあがり!!

バリエーション

●お手玉の中に入れる物の種類を、チームごとに変えておくと、視覚障がい者の方にも、数えてもらいやすくなります。

大豆　小石　鈴　ペットボトルのキャップ

子どもの場合の介助メモ
成功感を味わってもらうために、的を大きくしたり、的をゆっくり動かしたりして、お手玉を入れやすくしておきましょう。

視覚障がい者の方とできるレクリエーション

私はだ〜れだ

準備物 白紙（人数）、ペン（人数）、セロハンテープまたはクラフトテープ（数個）

すすめ方

①3人ずつの2チームに分かれます。視覚障がい者の方にはそれぞれ補助者が1名ずつつきます。

②チームごとに相談して、補助者の協力を得て、紙に動物の名前を書きます。このとき、海に住む動物と陸に住む動物など、動物名がバッティングしないようにします。

③書き終わったら、それぞれの補助者は、紙を対戦相手チームの背中に貼ります。

④お互い向かい合って等間隔に並び、次に自分の背中の動物名を相手とその補助者に見せます。

⑤自分の動物について質問をし、相手はそれについてヒントになるように答えます。

⑥相手も同じように⑤を行ないます。

⑦どちらかのチームが横に移動して相手を変え、（先頭の端の人は後ろの端に移動します。）同じように⑤をくり返します。補助者が相手の動物名を伝えます。

⑧3人済んだら、自分の初めの相手に自分の動物名を言い、当たっていたら1得点で、チーム合計で競います。

> 山に住んでいる

> 茶色だけど、おしりは赤い

> キャッキャッと鳴く

Point

誰もが知っているポピュラーな名前を使いましょう。知らない名前を使うと、それだけで、不安になる人がでてきます。事前に十分に吟味しておきましょう。

この運動のねらい	補助者の話から、紙に書かれたものの名前を想像し、記憶する中で集中力が高まります。このことは、大脳機能の活性化につながります。
（使っている運動のスキル）	移動系運動スキル

バリエーション

- 背中に貼る答えを、映画のタイトルや花、くだもの、アニメのキャラクター等にし、チーム全員で答えるようにすると、チームワークも図れてゲームが盛り上がってよいでしょう。
- 紙で作った冠に動物名を書き、それを頭にかぶって行なうと、対戦相手やまわりの参加者が常に動物名を確認でき、あそびが盛り上がります。

子どもの場合の介助メモ

対戦相手チームと向かい合った際、握手をしながらお互いに名前を名乗って始めると、より楽しく参加することができます。（また、タオルの端をお互いに持ってゲームを行なうと、背中を見せた後の位置確認が簡単に行えます。）

視覚障がい者の方とできるレクリエーション

アイマスク、お手玉投げ

準備物 アイマスク（目の見える人の数）、お手玉（3×人数）、コーン（1）…的、投球および方向ライン用テープ（ビニールテープやクラフトテープ等）（1）、メジャー（1）

すすめ方

①目の見える人はアイマスクをつけて参加します。
②補助者の協力を得て順番を決めます。
③1番の人は、最初に投球ラインから何メートルの位置にお手玉を投げるかを宣言し、補助者がその距離をメジャーで測って、位置を決めます。そして、その位置にコーンを置きます。
④みんなは、お手玉を3個ずつ持って、順番に1人が3個ずつ投げていきます。投げるたびに補助者はアドバイスします。
⑤3球のうち、目標に一番近い距離を競い合います。

「3m投げます。」

方向ライン
投球ライン
太めのビニールテープ

Point お手玉は、軽いものより少し重いものの方が、投げる力の出し加減が調整しやすいです。慣れたら、いろいろな大きさや重さのお手玉に挑戦してみましょう。

この運動のねらい	お手玉を投げることで、協応性・筋力・操作系運動スキルの向上につながります。また、何メートル投げると宣言して行なうことで、空間認知能力を高めます。
（使っている運動のスキル）	操作系運動スキル（的に投げる）

バリエーション

- 投球に慣れてきたら、後ろ向きになって投げてみても、楽しいでしょう。
- コーンを中心とした直径1m弱の円にそって、テープを貼り、円内にお手玉を投げ入れるようにします。子どもが参加する場合は、子どものレベルに合わせて、円の大きさを変えたり、2重円にする等、目標を具体化すると、より多くの子どもが達成感を味わえます。

子どもの場合の介助メモ

投球ラインから実際に歩行介助で歩いてもらい、距離と向きを確認した上で、挑戦してもらいましょう。また、投球ラインや投げる方向が足で確認できるように、少し太めのビニールテープ等を床に貼ります。投球ラインに垂直に方向ラインをつけるとよいでしょう。

視覚障がい者の方とできるレクリエーション

牛タン、牛タンタン牛タンタンタン

すすめ方

①みんなで輪になって座ります。
②補助者は、輪の外に出て待機し、流れを変える役をします。
③スタートの人を決めます。
④スタートの人は「牛（ギュウ）」と言い、隣の人の膝に手を触れます。
⑤膝に触れられた人は「タン」と言い、隣の人の膝に手を触れます。
⑥今度は「牛」と言い、隣の人の膝に手を触れます。
⑦膝に触れられた人は「タン」「タン」と言って隣の人の膝に手を触れます。膝に触れられた人は、「牛」と言い、このやりとりをくり返します。「タン」は毎回1つずつ増やしていきます。
⑧補助者は、流れを変えるために、途中で「ジューッ！」と言って割り込み、輪の中に入ったら、「牛」と言って隣の人の膝に手をやってゲームを続けます。

Point
「ジューッ！」と言って割り込んでから流れを止め、「牛」から始めていきます。また、適時に抜けていきます。

| この運動のねらい | 座りながら隣の人に触れることで、協応性や空間認知能力を高めます。また、「タン」の数を覚える、手を打つ等で、リズム感や記憶力・反応力を高めます。 |

（使っている運動のスキル）　その場での運動スキル（拍子をとる）

| バリエーション | ●「タン」のところは、みんなで手をたたくとよいでしょう。
●スピードアップや逆まわりで楽しみましょう。
●「牛」「タン」のかわりに、「1」「2」と数字に置きかえたり、「ワン」「タン」や「ポン」「カン」というように、食べ物や果物の名前に置きかえて楽しんでみましょう。
●間違えたり、言葉が出てこないで黙ってしまった人は、「はじめからやり直しまーす！」と、まわりに伝え、「牛」と言いましょう。みんなが理解しやすいですね。 |

子どもの場合の介助メモ

子どもたちに人気があって、誰もがよく知っているアニメのキャラクターの名前を使うと、親しみがもてて、あそびが盛り上がります。たとえば、「ウルトラ」→「マン」→「ウルトラ」→「マンマン」…というように。そして、子どもに順番がわかるように、補助者が後ろから軽く肩をたたいて、順番とリズム・回数を伝えてあげてください。

視覚障がい者の方とできるレクリエーション

ラウンドゴルフ

準備物 ゴルフクラブ（1）…バットでも可、ボール（1）…鈴の入った大きめのボール、旗（1）…ホールの中央に旗を立てます、ライン用テープ（1）、スタートライン（1）、ホール（1）…ライン用テープを貼ってホールを作ります。コースライン（1～2）…ライン用テープで、ホールとスタートラインを結んで貼ります。

すすめ方

①全員がホールの近くに集まり、位置を確認します。ホールをライン用テープで貼って作ります。手で触れて、大きさも確認します。
②1人ずつ、ホールからコースラインをたどってスタートラインの位置まで移動します。
③みんなで順番を決めるか、補助の方に順番を決めてもらうかして、順番にスタートラインの手前から、1人5打数ずつ、ゴルフクラブ（あるいはバット）でボールを打ち、ホールに入れようとします。打つ前には、補助者の方に旗の後ろに位置してもらい、拍手をしてもらいます。
④ホール内にボールが入ったら、ベルを鳴らして知らせます。
⑤ホール内に入ったボールの数が一番多い人の優勝です。

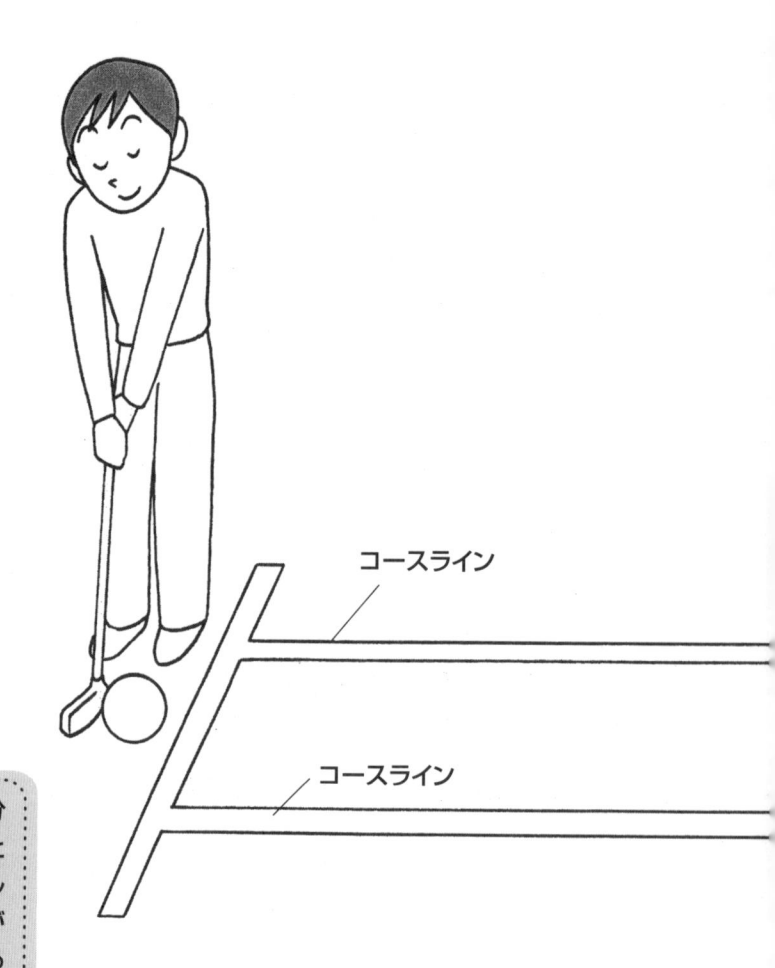

コースライン
コースライン

Point ホールからスタートラインまで自分で移動して距離や位置を確かめておくことや、コースラインのテープの向きやホール付近に位置する補助者の拍手の音を手がかりにして、的の位置を確認して挑戦することがポイントです。

この運動のねらい	ゴルフクラブや、バットを持ってボールを打つことで、協応性、操作系運動スキルが高まります。ホールをめざして打つので、空間認知能力の向上にもなります。
（使っている運動のスキル）	操作系運動スキル（打つ）

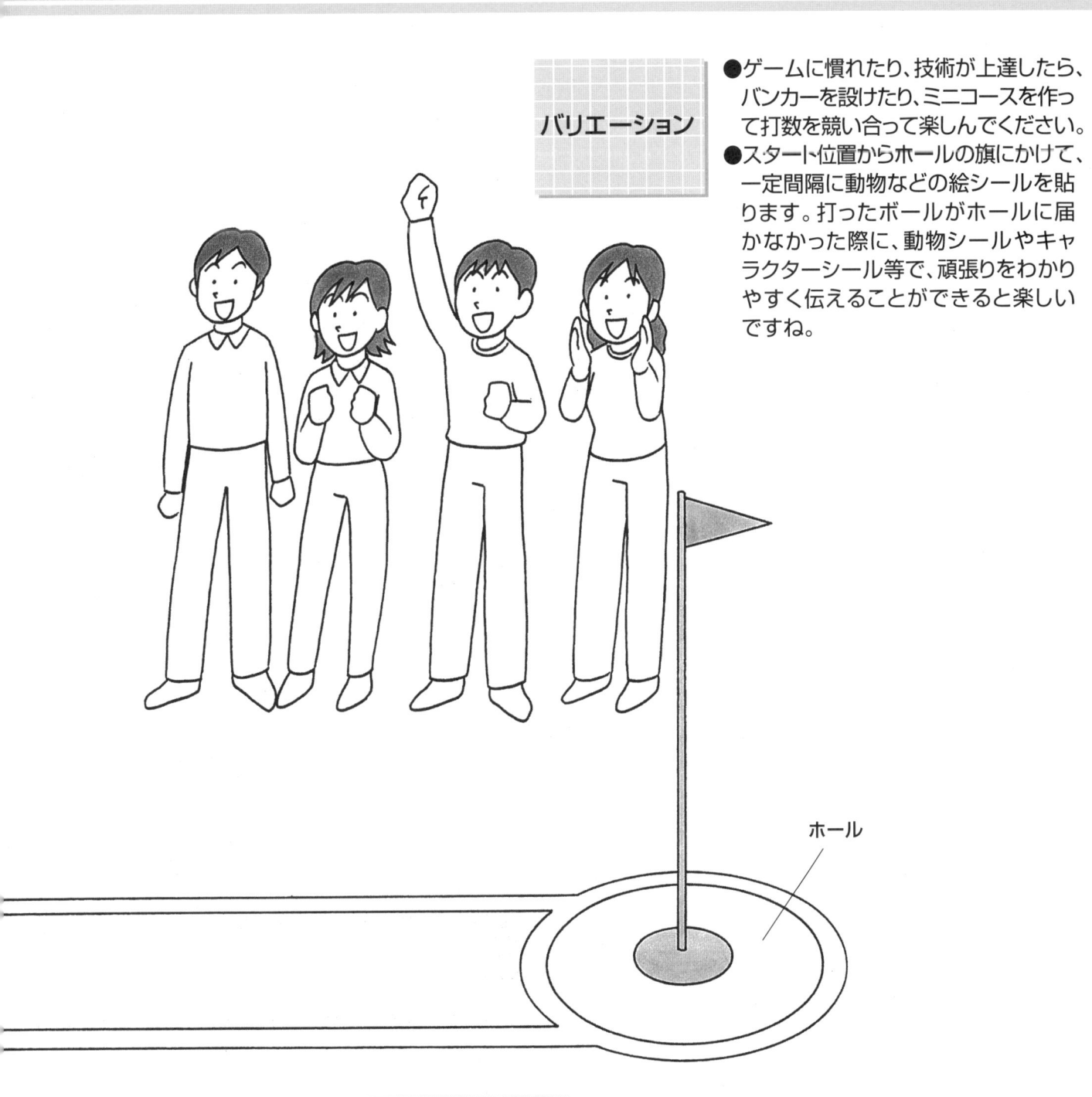

バリエーション

- ゲームに慣れたり、技術が上達したら、バンカーを設けたり、ミニコースを作って打数を競い合って楽しんでください。
- スタート位置からホールの旗にかけて、一定間隔に動物などの絵シールを貼ります。打ったボールがホールに届かなかった際に、動物シールやキャラクターシール等で、頑張りをわかりやすく伝えることができると楽しいですね。

ホール

子どもの場合の介助メモ

ホール用のラインやスタートラインに沿って、細い棒状のものを床に貼り、ホールの方角が足で確認できるようにしてもよいでしょう。

視覚障がい者の方とできるレクリエーション

みんなで音づくり

すすめ方

①A、Bの2チームに分かれ、それぞれ円になって座ります。
②かえるの歌に、手拍子や足踏み、膝たたきの動作をつけます。このとき、リーダーは「手をたたきます」「足踏みをします」「両手で両膝をたたきます」と言葉を言いながら、大きな音を立てて動きを示します。慣れたら、動きだけで楽しみます。
③Aチームから動作をつけて歌い出し、Bチームと輪唱していきます。
④だんだん早く歌い、動作もちゃんとできるようにしまよう。

Aチーム　　　　　　　　Bチーム

手拍子　　　膝たたき　　　足踏み

Point
みんながしっかり楽しめるようになるためには、1つの歌で、簡単な動作の反復によって完全に動きを覚えていくことが大切です。わかりやすい動きでリズムを覚えると、いろいろな変化に対応しやすくなります。これがおもしろさにつながります。覚えられなかったり、難しい動きで、最初からつまずくと、後がまったくおもしろくありません。気をつけましょう。

| この運動のねらい | うたを歌うことと、いろんな動きを組み合わせることで、協応性やリズム感が高まります。また、いろんな動作は、身体認識力の向上につながります。 |

（使っている運動のスキル）　その場での運動スキル（手たたき、足踏み）

バリエーション
- チームの動作のリズムを変えてつられないようできるか、挑戦してみましょう。
- 慣れてきたら、肩に手を置く・頭に手を置くという、複雑な動作にもチャレンジしてみましょう。
- 手拍子や足踏みの拍子を変化させて取り入れたり、各々の動きをくり返し交互に取り入れる等、リズムをより細かく複雑にしていくと、おもしろくなります。

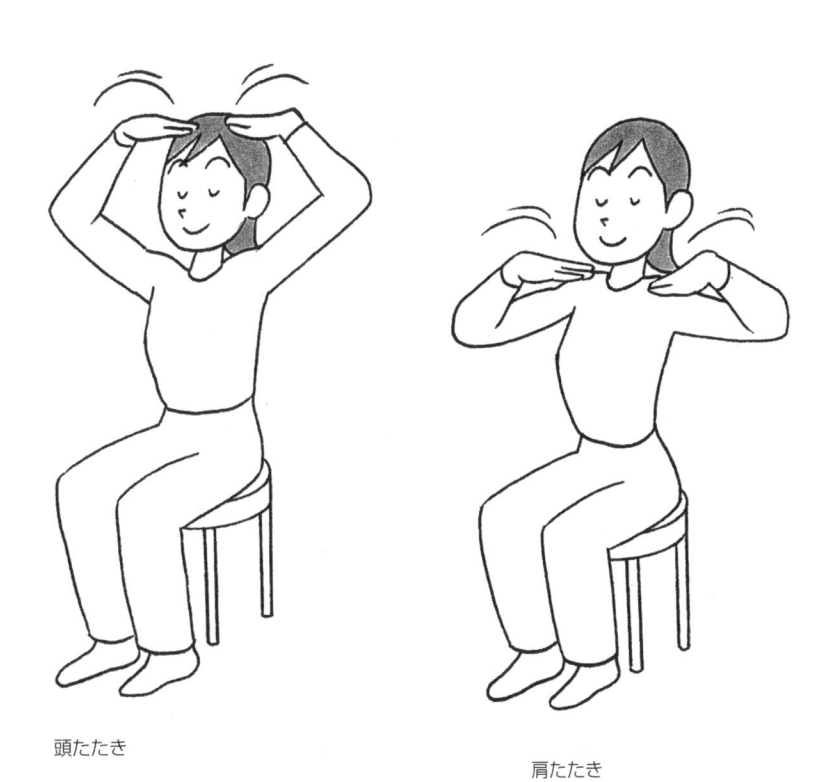

頭たたき　　　　　　　　　肩たたき

子どもの場合の介助メモ
最初は補助者が子どもの背後に位置し、後ろから両手を持ったり、足を刺激したり、動かしたりしてあげて、動きを教えていきます。

視覚障がい者の方とできるレクリエーション

ボールまわし

準備物 ビーチボール（チーム数）・テニスボール（チーム数）・ゴルフボール（チーム数）、スタートライン（1）、ボールを入れる箱（チーム数）

すすめ方

①1チーム5名で行ないます。
②チームの先頭は、スタートライン上に立ち、残りのチームメイトは、先頭の人の後ろに1列で位置します。
③チームごとに大きさの違うボールを3種類ずつ用意します。それぞれのボールによって渡し方を決め、先頭から後ろに回し、また先頭にボールをもどしていきます。回し終えたボールは、箱に入れます。
④それぞれのボールを回して、早く終わったチームが勝ちです。
※視覚障がい者の方には、前もって、ボールに触って、大きさを確認してもらいます。大きさの違いをはっきりとさせた上で、ボールによって渡し方が違うことを、実践しながら説明しておきましょう。

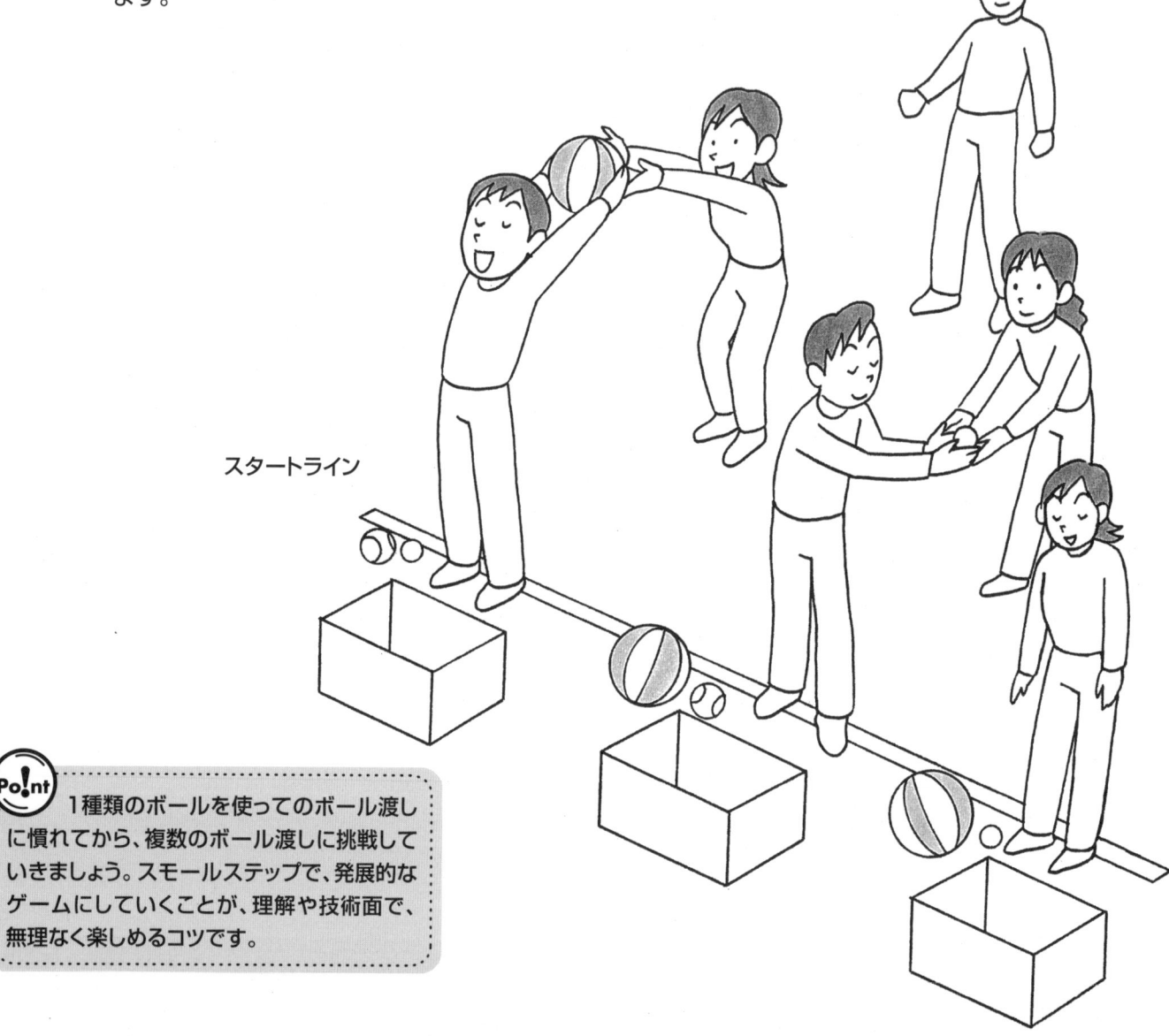

スタートライン

Point 1種類のボールを使ってのボール渡しに慣れてから、複数のボール渡しに挑戦していきましょう。スモールステップで、発展的なゲームにしていくことが、理解や技術面で、無理なく楽しめるコツです。

70

| この運動のねらい | ボールを持っていろんな動作をすることにより、操作系運動スキルをはじめ、協応性・柔軟性・リズム感・筋力などを向上させます。また、身体認識力、空間認知能力も高まります。 |

（使っている運動のスキル）　操作系運動スキル（渡す）

| バリエーション | ●慣れてきたら、座って行なってみましょう。足の下をくぐらせたりするのには、工夫が必要です。
●お互いに声をかけ合うことで、仲間とのつながりを感じることができ、チームワークもよくなります。 |

子どもの場合の介助メモ
ボールを次の子に送るたびに、チームメンバーが声を出したり、また、鈴の入ったボールを用いたりすると、まわりの状況やゲームの進行具合が理解しやすくなります。

視覚障がい者の方とできるレクリエーション

フロアー卓球

準備物 卓球用のラケット（2）、ライン用のテープ（1）、ボール（1）…音が出てゆっくり転がるもの、コート（1）…床にテープを貼ってコートをつくります。

すすめ方

①2人は、それぞれ卓球用ラケットを持ち、自分のコートに入ります。
②補助者は、ボールを1人に渡します。
③2人は、床に腰をおろしたまま、卓球用のラケットでボールを打ち合います。
④自分のコートに入ったボールを返せなければ、相手が1点獲得します。
⑤補助者は、負けた方にボールを渡します。5点先に取った方が勝ちです。

右へ行ったわよ！

Point 音が出るボールやゆっくり転がるボール、そして、少し大きめのボールの利用が、初めての方に楽しんで取り組んでいただくポイントです。

| この運動のねらい | ラケットでボールを打つことで操作系運動スキルが向上し、そのため、いろんな動きによって、協応性や筋力を高めます。
また、「右よ!」「上!」等という言葉がけにより、空間認知能力の向上にもつながります。 |

（使っている運動のスキル）　操作系運動スキル（打つ・止める）

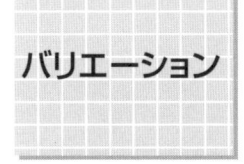

バリエーション

- ラケットでボールを打つときに、「ハイ!」や「行くよ!」等、声を出して行なうと、2人で競技を行なう一体感が味わえます。
- はじめの段階では、ボールをレシーブするとき、身体を使って受け止め、打つときにラケットで打つようにしてもよいです。慣れてきたら、ボールをラケットで受け、ラケットで打つ、というように、操作能力を高めていきます。
- 2人1組になって、ペアで戦っても楽しいです。
- 上達したら、ボールの大きさを変えて行なってみましょう。

うまいっ!

子どもの場合の介助メモ

視覚障がい者の子どもの側のコートを、小さく設定して、条件にハンディをつけて楽しんでみましょう。
また、お互いの背後にフェンスを置いてボールを止めそこねたら、ボールがフェンスにあたって音が出る環境を作ると、ゲームの状況がよくわかるでしょう。

視覚障がい者の方とできるレクリエーション

ひっぱりジャンケン

準備物 タオル（1）

すすめ方

①2人が向かい合って座ります。
②2人は、タオルの端をそれぞれ自分の手の平にのせて軽く持ちます。そして、声を出してジャンケンをします。
③ジャンケンに勝ったら、タオルをひっぱります。ジャンケンに負けた方は、タオルを取られないようにすばやく握ってくい止めます。
④タオルを取った方の勝ちです。
⑤勝ち抜き戦にして、チャンピオンを決めます。

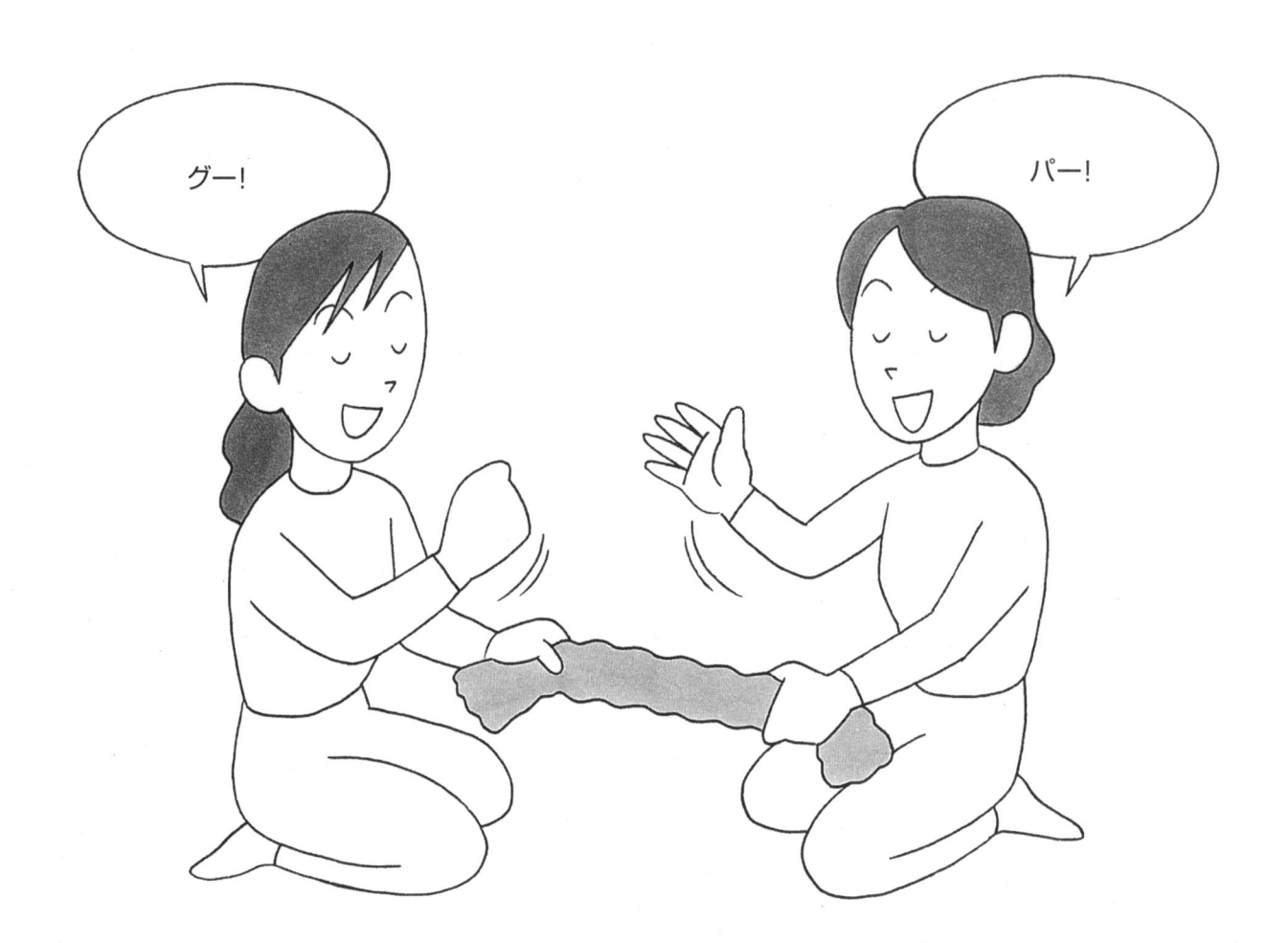

グー！
パー！

Point このゲームでは、「ジャンケン」の合図をはっきり言って、2人のタイミングを合わせることがポイントです。

この運動のねらい	ジャンケンをしながらタオルを持つ、そして、引っぱることで、協応性や機敏さ、筋力、身体認識力が高まります。
（使っている運動のスキル）	その場での運動スキル

バリエーション

- はじめに、お互いに握手をして名乗り、「よろしく！」と言葉をかけ合ってはじめると、笑顔とともに競い合いに興じることができます。
- 2人が手をつなぎ、ジャンケンに勝ったら、つないだ相手の手の甲をたたきます。ジャンケンに負けた人は、ジャンケンした手の平を、つないでいる手の甲の前に出して防御します。手の甲がたたかれると痛いですね。

ジャンケン手たたき

チョキ！　　パー！

勝ち！

子どもの場合の介助メモ
子どもの背後から、手をいっしょに握ってやったり、健常児や上手な子どもには、タオルを持たせず、タオルを膝の上に手を置いてジャンケンするというルールを加えてみましょう。

視覚障がい者の方とできるレクリエーション

風船みこし

準備物 風船（40）、大きめの座ぶとん（2）、祭囃子（まつりばやし）の音楽
スタートライン（1）、ゴールライン（1）

すすめ方

① みんなでジャンケンをして、赤チームと白チームに分かれます。
② 座ぶとんをお神輿に見立てて、スタートラインからゴールまで、2人1組になって風船を運びます。風船は、一度に何個運んでもかまいません。
③ チームごとに風船を20個用意し、座ぶとんにのせて運びます。
④ まわりの人たちは、わっしょい、わっしょいっと声をかけたり、方向を伝えて盛り上げます。
④ 運んでいる間に落とした風船は、補助者がスタートにもどして、他の人が運ばなければいけません。
⑤ ゴールまで風船を運んでケースに入れた後、座ぶとんだけ持ち帰って、次の2人に渡してリレーをします。
⑥ 20個の風船を早く運び終えたチームの勝ちです。
※視覚障がい者の方には、補助者が横について、方向やリズム、スピード等を指示してあげるとよいでしょう。

Point

視覚障がい者の方とペアーを組む人は、進むスピードやリズムを相手に合わせることが大切です。そのためには、パートナーの動きに合わせたしっかりとした、声かけやわかりやすい言葉がけが重要です。バックミュージックに祭囃子をかけると、雰囲気がでてよいでしょう。

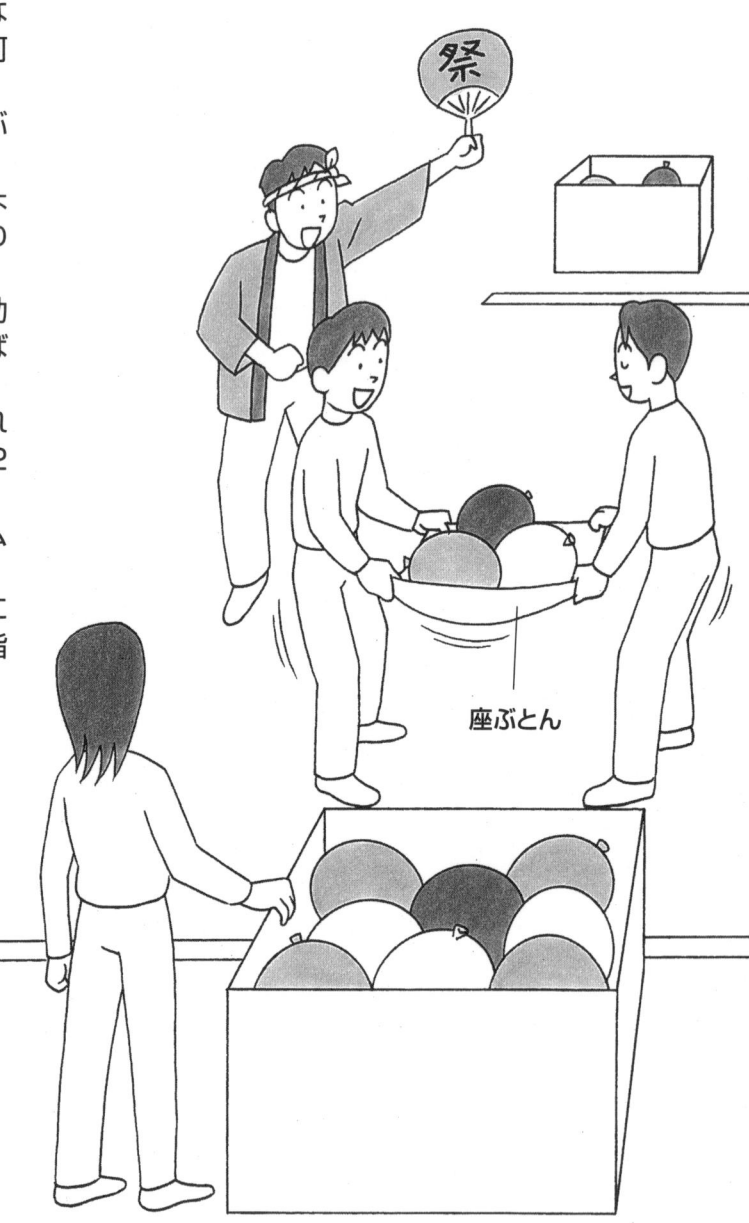

座ぶとん

この運動のねらい	座ぶとんで風船を運ぶことにより、操作系運動スキルが高まります。また、いろんな動きにより、協応性、バランスを保つことにより、平衡性、その他、筋力、リズム感、空間認知能力等の向上につながります。
（使っている運動のスキル）	操作系運動スキル（運ぶ）

バリエーション
- パートナーとリズムを合わせるために、声をかけながら進めてみましょう。
- お神輿を座ぶとんの代わりにビニールシートにし、上にのせるものを大玉のボールに変え、祭囃子に合わせながら、お神輿を上下させて、移動しましょう。うまくバランスを取りながら運べるように行なってみましょう。

ゴールライン

座ぶとん

スタートライン

子どもの場合の介助メモ
視覚障がい者の子どもを、後ろ向きで歩かせることのないように、気をつけてください。正面歩きで安全に動くことのできる配置に心がけましょう。

視覚障がい者の方とできるレクリエーション

風船はこび競争

準備物 テニスのラケット（3）、風船（3）、ライン（1）

すすめ方

①3つのチームに分かれます。
②スタートラインに立ち、先頭の人は、テニスのラケットに風船を乗せます。
③笛の合図でスタートし、旗を折り返してもどってきます。走らずに歩いて行なうルールとします。
④もどってきたら、次の人にラケットと風船を渡します。
⑤全員が早く帰ってきたチームの勝ちです。
※視覚障がい者の方が参加しているチームは、同じチームの人が手引きをしたり、手をつないで誘導します。

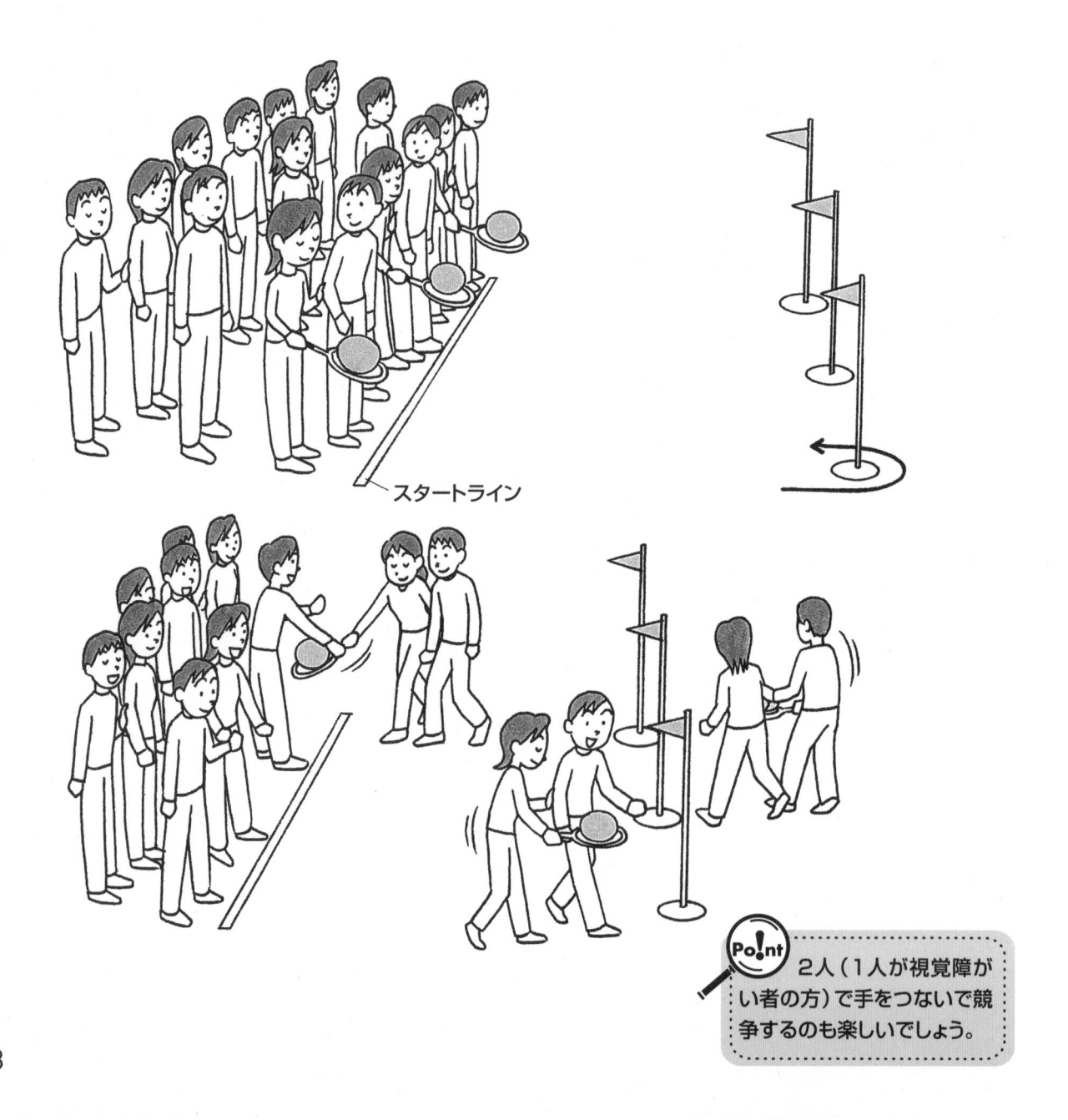

スタートライン

Point 2人（1人が視覚障がい者の方）で手をつないで競争するのも楽しいでしょう。

| この運動のねらい | バランスを取りながら歩くことで、操作系運動スキル（物のバランスを取る・運ぶ）、平衡性、筋力、協応性の向上につながります。 |

（使っている運動のスキル）　操作系運動スキル（物のバランスをとる・運ぶ）

バリエーション

- チームメンバーが声を出して応援すると、と、競技者は位置確認が容易にできると同時に、仲間意識が高まります。各チームごとに楽しいフレーズを決めて声援を送るのもよいでしょう。

- テニスのラケットを、おたまに変えて、ゴルフボールや卓球用ボールを運んでみましょう。

子どもの場合の介助メモ

視覚障がい者の子どもには、鈴の入ったボールやテニスボールを使用させましょう。ある程度の重さによる手応えや、音によってラケットを操作することが可能になります。

あとがき

　視覚障がい者の方の介助の方法は、福祉の場で働いていらっしゃる方々のためだけのものではありません。介護・医療はもとより、ボランティア活動をしておられる方々、そして、すべての方々に知っておいていただきたいことなのです。
　また、心身のリフレッシュと活力の再新のために展開されるレクリエーションは、どの年齢レベルの方にとっても、また、障害をもつ、もたないにかかわらず、すべての人々にとって必須であり、それらの正しい認識と理解が求められます。
　「よりよい社会」と「より人間的でいきいきとした豊かな生活」を求めるために、本書が役立つことを願っています。

早稲田大学　教授・医学博士　前橋　明

著者

前橋　明（まえはし・あきら）
早稲田大学教授（人間科学学術院健康福祉科学科）
医学博士
岡山県備前市出身。
鹿児島大学、米国・南オレゴン州立大学卒業、米国・ミズーリー大学大学院で修士号、
岡山大学医学部で博士号を取得。
倉敷市立短期大学教授、米国・ミズーリー大学客員研究員、
バーモント大学客員教授、ノーウィッジ大学客員教授、セントマイケル大学客員教授を経て現職。
健康福祉科学からの児童福祉、幼少児の健康教育と福祉教育の学問と研究に従事している。
インターナショナルすこやかキッズ支援ネットワーク代表

執筆協力者（役職名等は初版発行時のものです）

芝　誠貴（大阪信愛女学院短期大学 初等教育学科 心理学研究室 講師）
平井　佑典（すこやかキッズ支援ネットワーク　コーディネーター）
早稲田大学人間科学部福祉教育研究室（宮本雄司、深谷和加乃、泉　秀生、板口真吾、北見洋介、木屋まどか、五味葉子、住吉美智子、廣木俊文、藤本明夏、水野八月、峰　温子、森島貴之）

協力者

村上　琢磨（参考文献「視覚障害者の誘導法」著者　URL:http://shirogame.cool.ne.jp/）
速水　洋・速水基視子（青い空と白いつえシリーズ著者）
山口　規子（関西盲人ホーム 視覚障害者リハビリテーション指導員）
新村　友美子（関西盲人ホーム 視覚障害者リハビリテーション指導員）

参考文献

村上琢磨著：「視覚障害者の誘導法」、全国ベーチェット協会,2000年
全国視覚障害者情報提供施設協議会：「視覚障害者介護技術シリーズ3・初めてのガイド」,1999年
国立身体障害者リハビリテーションセンター・指導部・生活訓練課編：「視覚障害のための移動介助の仕方」,2002年
速水　洋・速水基視子著：青い空と白いつえシリーズ第3作「キミちゃんのえがお」,1997年（問い合わせ…澪標＝みおつくし 06-6944-0869）

ケアワーク・スキルアップ④
高齢者から子どもまで
視覚障がい者の方の介助とレクリエーション

2005年10月　初版発行　　2006年8月　2版発行

著　者　前橋　明
発行人　岡本　健
発行所　ひかりのくに株式会社
〒543-0001　大阪市天王寺区上本町3-2-14　郵便振替　00920-2-118855　TEL06-6768-1155
〒175-0082　東京都板橋区高島平6-1-1　郵便振替　00150-0-30666　TEL03-3979-3112
ホームページアドレス　http://www.hikarinokuni.co.jp
印刷所　図書印刷株式会社

©2005　乱丁・落丁はお取り替えいたします。

Printed in Japan
ISBN 4-564-43055-6　C3036
NDC369.17　80P　26×21cm